Stefan Brux

ANARAM – Endloses Licht

ANARAM
–
Endloses Licht

Stefan Brux

2022

Carola Hartmann Miles-Verlag

Bibliografische Information der Deutschen Nationalbibliothek
Die Deutsche Nationalbibliothek verzeichnet diese Publikation in der Deutschen Nationalbibliografie; detaillierte bibliografische Daten sind im Internet über www.dnb.de abrufbar.

www.miles-verlag.jimdo.com
email: miles-verlag@t-online.de

Herstellung: Books on Demand, Norderstedt

Printed in Germany

ISBN 978-3-96776-028-6

Inhaltsverzeichnis

Triggerwarnung

Der folgende Text behandelt psychische und physische Folgen von Krieg, Gewalt, Verwundung, Suizid und Tod. Er thematisiert fiktive Geschehnisse im Kontext des Bundeswehreinsatzes in Afghanistan.

Bitte seien Sie achtsam und entscheiden selbst, ob Sie sich stark genug fühlen, sich heute mit diesen Themen zu befassen.

Kann wohl den Wert des Menschen
jemand kennen, der nicht in der Welt
Hitze und Kälte erlitten hat?

Kjatibi Rumi

Für Kerstin

Prolog

Die Redaktionssitzung dauert bereits drei Stunden und nun geht es um die Randthemen: Staus zum Ferienbeginn auf den Autobahnen, Kaufhauspleite, Tempolimit, Fußball und ein bisschen Bundeswehr vielleicht. Afghanistan wäre mal wieder dran; ja – da gibt es aktuelle Bilder von AP. Welches nehmen wir? Da ist zu viel Gesicht drauf und zu wenig Krieg. Das da ist zu krass, das und das schon eher. Okay, was meint Ihr? Kinderdrama oder Schuleröffnung? Gut, wir nehmen das Drama. Fragen? Dann los jetzt, fertig werden.

Die Preisverleihung

Ein Jahr später, es ist ein warmer Abend in Berlin. Sommerende, und die Menschen kommen von der Sonne gerötet aus den Ferien an der Küste und in den Bergen. Die gesellschaftlichen Termine des heraufziehenden Herbstes stehen an und heute wird der Preis für die beste Kriegsfotografie des vergangenen Jahres verliehen. Weiße Tische mit Knabbereien und Getränken sind gedeckt, bunte Kleider werden gezeigt und Begrüßungen ausgetauscht. Von den Tischnachbarn schwingen Gesprächsfetzen herüber, die von den Kindern, dem Urlaub, dem kommenden Opernbesuch und den lieben Schwiegereltern erzählen.

Durch die Fenster fluten die Strahlen der sich senkenden Sonne ins Foyer. Bedeutsamkeit dringt langsam in die Gespräche ein und die Stimmung wird ruhiger, je näher der Beginn des offiziellen Teils heranrückt.

Was als Ehrung für Kriegsreporter und intellektuelle Reflexion über das Leid unserer Welt gedacht ist, entbehrt in Wirklichkeit nicht eines gewissen Zynismus. Hier wird der Sieger in einem Wettbewerb gekürt, den es nur geben kann, weil Bomben fallen, Häuser brennen, Kinder schreien und Menschen Menschen töten; und weil es Medien und deren Reporter gibt, die darüber berichten, Fotos machen, dokumentieren und Risiken eingehen; in der Hoffnung, irgendetwas verändern zu können. Und weil es Menschen gibt, die sich als Soldaten von Regierungstruppen, Rebellen, Aufständischen oder als heilige Krieger in den jeweiligen Konflikten gegenüberstehen. Und weil es Menschen gibt, die zur falschen Zeit am falschen Ort überleben müssen. Und weil es Helfer gibt, die als Weißhelme, Ärztinnen und Sanitäter genau dahin gehen, wo alle anderen wegwollen. All diese Menschen bilden eine Brücke zwischen den Orten des Grauens und den Orten, an denen die Nachrichten in weichen Sesseln gesehen und bunte Webseiten gelesen werden.

Die Veranstaltung beginnt und wohlgesetzte Reden werden gehalten. Die schwelenden Konflikte in Afrika und im Nahen Osten werden thematisiert und auch die kleineren Kriege auf der restlichen Welt werden nicht vergessen. Pressefotografen, Journalisten, Verleger, Politiker, Militärs, Geistliche und alle anderen, die sich irgendwie dem Thema verbunden fühlen, lauschen nun den Ausführungen und schließlich beginnt die Präsentation der Wettbewerbsbilder. Teilweise sind sie schwarzweiß, was noch verstörender ist.

Viele der Fotografien zeigen schmerzverzerrte oder völlig fassungslose Gesichter von Menschen in höchster Not. Zerstörte Stadtteile, Drohnenbilder zerfetzter Straßenzüge und herumliegende Leichen finden sich auf den Bildern, ebenfalls Aufnahmen von Kindern auf der Flucht, Soldaten im Gefecht und von Verwundeten im Feldlazarett. In den Köpfen entsteht nach den Knabbereien und dem Prosecco im Foyer immer mehr das Bild einer chaotischen und selbstzerstörerischen Welt. Entfesselte Gewalt, die irgendwie weit weg ist und seltsam inszeniert wirkt, da im Chaos ein Fotograf danebenstand, die Kamera gehalten hat, die Tiefenschärfe berücksichtigt, das Gegenlicht kalkuliert und schließlich in genau dem Moment abgedrückt hat, der ebenso vorhersehbar wie unvermeidlich schien.

Eben wird das Siegerbild über die gesamte Breite und Höhe das Saales projiziert, damit alle Menschen im Raum die Details gut erkennen können und das Werk seine gewaltige Wirkung entfaltet. Ein leises Raunen geht durch den Saal. Diese Fotografie ist farbig und sehr drastisch. Sie kaschiert nichts, sondern zeigt mehr, als der Blick und der Geist auf einmal fassen wollen.

Auf dem Bild sind neun Menschen zu sehen, die wie auf einem großen Gemälde sorgsam komponiert angeordnet sind. Auf der linken Seite befinden sich drei afghanische Kämpfer in einfacher Kleidung, die teils blutig, löchrig und schmutzig ist. Sie haben traditionelle Mützen auf den Köpfen und blicken über die staubigen Läufe ihrer verschlissenen Sturmgewehre aus sowjetischer Produktion. Ihre Waffen sehen aus wie alte Arbeitsgeräte, wie schartige Spaten. Die Gesichter sind angespannt sowie von Hunger, Staub und Müdigkeit gezeichnet. Ihnen gegenüber stehen drei deutsche Soldaten. Sie sind wohlgenährt, wirken mit ihren Splitterschutzwesten wuchtig; moderner Stahlhelm und funktionale Uniformen komplettieren ihre Kampfmontur. Sie haben ihre staubigen Sturmgewehre ebenfalls auf die Gegner gerichtet. Auch ihre Blicke sind gehetzt und gestresst. Sie wirken auf den ersten Blick hochkonzentriert und entschlossen, was aber nur darüber hinwegtäuscht, dass auch sie müde und durstig sind, abgekämpft und am Rande ihrer Möglichkeiten. In der Mitte des Bildes liegt ein kleines Mädchen im Staub. Seine Kleidung ist mit Blut durchtränkt und rund um das Kind hat sich der Boden rot gefärbt, was von einer großen Wunde am Hals herrührt, aus der das Mädchen bis vor wenigen Sekunden noch heftig blutete. Zu ihrer Linken kniet die verzweifelte Mutter des Mädchens und lässt den panischen Blick nicht von ihrem Kind. Ihre Hände krallen sich in den schwarzen Kleidersaum ihrer Tochter.

Ihr gegenüber kniet ein Soldat des Sanitätsdienstes der Bundeswehr, der gerade die Blutung gestillt hat und nun den Hals des nunmehr sehr blassen und bewusstlosen Kindes verbindet.

Auf dem linken Arm des Sanitäters ist oberhalb des Schutzabzeichens mit rotem Kreuz ein farbiger Aufnäher zu sehen. Er ist rund und hat einen stahlblauen Hintergrund aus einem solchen Blau, wie es nur auf dem Gipfel sehr hoher Berge zu sehen ist, wenn die Sonne strahlt und der Blick tief ins Universum reicht. Das Patch hat einen breiten, schwarzen Rand und zeigt in der Mitte ein rotes Kreuz.

Um das Kreuz windet sich eine sonnengoldene Locke und auf der schwarzen Umrandung sind mit weißem Garn feine Buchstaben gestickt:

JENNY
I'd walk straight through the bullet

Jenny

„die zukunft ist ne abgeschossne kugel auf der mein name steht und die mich treffen muss und meine sache ist wie ich sie fange mitm kopf mitm arsch mit der hand oder mit der wange trifft sie mich wie ein torpedo oder trifft sie wie ein kuss ...“

Gerhard Gundermann
Lied „Die Zukunft“[1]

Zwei junge, sonnengebräunte Männer sitzen am Fuße einer senkrechten Felswand. Kletterequipment liegt um sie herum verteilt, sie kauen jeder an einem Apfel und blicken weiter hinab in den Talkessel. Vor einer Stunde sind sie hier gestartet und haben sich den Sandstein hinaufgearbeitet. Ein wunderbarer Weg in der warmen Abendsonne und ein schönes Gipfelerlebnis mit klarem Blick über die umliegenden Felsen war ihre Belohnung und nun sind sie zufrieden, erschöpft und freuen sich auf einen ruhigen Sommerabend am Lagerfeuer daheim und auf ein kühles Bier. Über sich hören sie plötzlich Stimmen, was nicht ungewöhnlich ist, da in dieser Gegend auch viele Wanderer unterwegs sind, vielleicht etwas untypisch um diese Uhrzeit so kurz vor Sonnenuntergang, aber nicht seltsam.

Die Stimmen kommen von einigen Bundeswehrsoldaten, die den ganzen Tag über in der sommerlichen Wärme unterwegs waren und ihre Sanitätsausbildung absolvieren. Sie sind noch nicht lange zusammen, aber schon eine kleine eingeschworene Gemeinschaft von sehr jungen Kameradinnen und Kameraden; tatkräftig und motiviert.

Der Tag soll im Lichte der untergehenden Sonne mit einer kleinen Pause vorn auf dem Felsenriff beschlossen werden, bevor es noch einen kurzen Marsch in Dämmerung und Dunkelheit zurück zum Sammelpunkt geben wird. Eine der Soldatinnen heißt Jenny und ist mit ihren goldenen Locken, den strahlenden Augen und einem lebensfrohen Gemüt der Sonnenschein des Trupps. Auch für Jenny war es ein sehr langer, anstrengender Tag und sie hat heute etwas zu wenig getrunken, ist erschöpft und wacklig auf den Beinen.

Als sie sich mit ihrer Essensration und der Wasserflasche in der Hand weit vorn an die Felskante setzen möchte, strauchelt sie über eine kleine Wurzel, schlägt der Länge nach hin und rutscht verzweifelt und nach Halt suchend über den immer abschüssiger werdenden Felsen.

Die beiden Kletterer hören über sich ein klapperndes Geräusch, danach einen kurzen Schrei und sehen dann von oben ein Bündel in Flecktarn die Felswand zu ihnen herabstürzen. Der Körper bricht krachend und schreiend in die Krone einer Kiefer, die mitten aus der Felswand ragt, wird etwas abgebremst, rauscht dann in den nächsten Baum und wird herumgewirbelt.

Schließlich schlägt der Körper mit einem hässlich dumpfen Geräusch unweit der beiden Kletterer auf den moosweichen Waldboden. Der Körper bewegt sich nicht, doch von oben dringen Schreie nach unten: „Jenny!!! JENY!!! JEEEEENYYYYYYYY!!!!!“. Über der Felskante erscheinen oben mehrere Köpfe. „JENNYYYYY!“. Die beiden Kletterer springen auf und rennen strauchelnd zu dem leblosen Körper. Sie stolpern über das Moos und die Wurzeln den Hang hinüber und erreichen Jenny nach wenigen Sekunden. Sie bewegt sich nicht, der Kopf ist blutig angeschlagen, sie ist bewusstlos und eines ihrer Beine liegt ungesund verdreht auf einem Stein. Blut läuft aus ihrem Hosenbein. „WAS IST MIT IHR??? LEBT SIE???“ schreit eine panische Männerstimme von oben. Robert, einer der beiden Kletterer, tastet ihren Puls und ruft nach oben: „Puls da, aber schwach!“. „HANDY?“ ruft es von oben. „Was?“ antwortet Robert. „Hast Du ein Handy? Die Nummer!“ kommt die Antwort von oben. „Ja! 0-1-7-7-...“ Kurz darauf klingelt Roberts Telefon und er stopft sich schnell die Kopfhörer ins Ohr, damit er die Hände freihat.

„Feldwebel Kossak hier. Wie geht's ihr? Wir sind Sanitäter, wie kommen wir zu Euch runter?“ „Ähm, ohne Kletterzeug kommt Ihr hier auf die Schnelle gar nicht hin. Der nächste Weg geht hinter Euch runter ins Tal und dann hier wieder hoch in den Kessel – da seid Ihr aber locker eine halbe Stunde unterwegs.“ „Gut, ich schicke die Hälfte meiner Leute los. Wie geht's ihr?“ „Keine Ahnung, aber sie ist nicht ansprechbar, Puls und Atmung schwach, blutet stark am Bein und liegt irgendwie ungesund da ... Rücken, Becken, Bein oder so.“ „Ich brauch das präziser!“ „Was präziser?“ „Wie liegt sie genau da, wie ist der Puls? Wo kommt das Blut her?“

„Sie zuckt sich nicht. Das Blut tropft aus dem Hosenbein.“ „AUFSCHNEIDEN! JETZT!! WO KOMMT DAS BLUT HER? WIEVIEL?“ „Ist ja gut, ich mach ja schon. Sag doch auch mal was, Dirk.“ Aber Dirk sagt nichts, er ist komplett geschockt und sitzt hilflos neben Robert und Jennys reglosem Körper. Immerhin reicht er jetzt sein Taschenmesser rüber und Robert schneidet Jennys Hosenbein auf. Kurz oberhalb des rechten Knies ist der Oberschenkel gebrochen, der Knochen ragt gesplittert durch die weit aufgerissene Haut und aus der Wunde spritzt stoßweise Blut. „Ach du Scheiße!“ „Was heißt das?“ „Rechter Oberschenkel. Offener Bruch und da kommt auch das Blut her.“ „Dirk, den Gürtel – wir müssen das abbinden.“ „Was macht Ihr?“ „Wir binden den Oberschenkel ab, Blutung stoppen!“ „Gut. Ich habe einen Rettungshubschrauber angefordert.“ „Super Idee. Wo soll der landen?“ „Das klären wir jetzt“ „Es geht ihr nicht gut.“ „Was heißt das?“ „Der Puls wird schwächer und sie ist ganz blass. Die Lippen werden ganz lila.“ „Ihr müsst sie beatmen! Jetzt!“ „Wo soll der Hubschrauber landen? Dirk, irgendeine Idee? He, träume aus!“ „BEATMEN! JETZT“ „Sie verblutet.“ „Sie darf nicht verbluten! Was habt Ihr für eine Blutgruppe? Dirk antwortet: „B positiv“ und Robert antwortet „Null negativ und sie? Was hat sie für eine

Blutgruppe??" „STEHT AUF DER ERKENNUNGSMARKE!". „Null negativ. Jenny, das fühlt sich gerade nicht so an, aber heute ist Dein Glückstag." Von oben kommt nun ein Päckchen geflogen. „Ich beschreibe Dir, was Du machen musst." ruft Feldwebel Kossak durchs Telefon hinterher. Nur Minuten später schwebt dröhnend ein Rettungshubschrauber des Sanitätsdienstes der Bundeswehr in den Talkessel ein und nimmt schließlich vorsichtig ein schmutzig-blutiges Bündel, bestehend aus zwei Menschen auf, die an einem zwei Meter langen Baumstamm mit einem Kletterseil zusammen fixiert sind. Beide sind über Kanülen im Arm und einem Schlauch miteinander verbunden, beiden sackt nun der Kreislauf immer mehr weg und als sie schließlich in die Kabine aufgenommen werden, sind beide bewusstlos und müssen intensiv versorgt werden. Robert kommt nach wenigen Tagen wieder auf die Beine, aber Jenny wird ein ganzes Jahr in Krankenhäusern und in Rehabilitation verbringen, bis sie wieder genesen sein wird.

Sieben Jahre später ist Jenny als Sanitätsstabsoffizier in ihrem ersten ISAF-Einsatz. Sie ist im Norden Afghanistans stationiert und immer dann, wenn es in diesen Tagen draußen hart wird, fliegt sie mit im Helikopter des MedEvac-Teams zu einem Anschlagsort oder Gefechtsfeld. Und es ist sehr oft brenzlig in ihrem Einsatzgebiet. Sie ist eine der Ersten, die Kameradinnen und Kameraden verletzt zu Gesicht bekommt und Jenny macht ihre Sache gut.

Ich bin Jenny und Soldatin beim Sanitätsdienst. Einige seltsame Jahre liegen hinter mir, für meinen Geschmack etwas zu intensiv und anders als geplant. Damals nach meinem Unfall in der Ausbildung dachte ich, dass ich nie wieder gesund werde und irgendwie behindert bleibe und ich hatte keine Ahnung, was aus mir werden soll. Mir ist das alles wahnsinnig schwergefallen. Zunächst die Schmerzen, mühsam alles wieder lernen und dann die ganze Langeweile im Krankenhaus, wo sich alles nur um Schmerzen, Reha, Medikamente, nächste OP und das zwanzigste Röntgenbild drehte; das war schrecklich und hat ewig gedauert. Die Besuche von Freunden und Familie wurden seltener, jeder hatte irgendwann wieder nur mit sich selbst zu tun. Ich habe mich immer mehr abgeschnitten von meinem bisherigen Leben gefühlt und irgendwie nicht mehr gewollt.

Heute weiß ich, dass das Blödsinn war, aber damals habe ich so gefühlt. Es haben sich ja trotzdem viele toll um mich gekümmert und es war auch total süß, dass Robert ganz oft vorbeigekommen ist, aber irgendwie habe ich das damals nicht ausgehalten. Meine unklare Situation und seine offensichtliche Liebe, das konnte ich nicht. Ich wollte ja nicht die Leidende sein, sondern ich selbst. Aber ich war nicht ich selbst. Er konnte nichts dafür, aber ich wollte dann nicht mehr, dass er vorbeikommt. Ich konnte ihm nicht zur Last fallen und sein Mitleid wollte ich auch nicht. Über Liebe habe ich da gar nicht nachgedacht. Vermutlich habe ich damals eine wirklich dumme Entscheidung getroffen, zumindest hat sie mir selbst sehr weh getan. Mir hat die Zeit allein im Krankenhaus aber auch gutgetan und was soll ich sagen? Irgendwann waren die Schmerzen weg, es wurde nicht mehr geröntgt und auch nicht mehr operiert. Ich war gesund und konnte meinen Dienst wieder aufnehmen. Meine Ausbildung ging weiter, ich habe viel über die militärische Notfallmedizin gelernt und es macht mir wirklich Freude, der rettende Engel zu sein. Zwar waren die Anderen aus meinem Hörsaal inzwischen in ihren Verwendungen und ich hing ein Jahr hinterher, aber immerhin war ich wieder voll dabei. Inzwischen bin ich in Afghanistan, was ich vor Kurzem noch nicht für möglich gehalten hatte.

Hier bin ich nun mittendrin und die harten Jungs und Mädels, die noch tags zuvor unverletzt und lustig ihre Scherze machten, liegen vor mir und ich kann ihnen helfen. Ich kann ihnen die Schmerzen mildern, die ich so gut kenne und im besten Fall ihr junges Leben retten. Die meisten sind nicht älter als ich, manche haben gerade geheiratet, sind Mama oder Papa kleiner Kinder, sind lustige Kameraden und da, wenn es drauf ankommt. Es ist immer wahnsinnig hart, wenn es nicht gut ausgeht und ich weiß nicht, wie lange ich das durchhalte und irgendwann will ich ja auch mal eine Familie haben. Ich frage mich dann, wie ich mit all den Schmerzen und dem vielen Blut in meinem Kopf eine gute Mama sein kann. Manchmal merke ich, dass der Unfall tiefe Spuren in meiner Seele und in meinem Geist hinterlassen hat und es gibt viele Momente, in denen ich mich verletzlich, leer und hilflos fühle. Besonders dann, wenn ich allein und ohne konkrete Aufgabe bin, erfasst mich eine innere Unruhe und ich muss dann unter Leute gehen und irgendwie Spaß haben, um nicht in mir zu versinken. Aber ich weiß, dass das ein inneres Weglaufen ist. Seit ich mich nicht mehr krank fühle, habe ich auch wieder Lust, die Aufmerksamkeit der Männer zu genießen. Blonde Locken, blaue Augen und ein Lächeln ziehen fast immer. Aber irgendwie komme ich seit Robert nicht mehr über One-Night-Stands hinaus.

Schade, aber das habe ich damals wohl gründlich verkackt. Richtiger Mann, falscher Zeitpunkt. Aber irgendwie muss es ja weitergehen und vielleicht kommt ja noch der Richtige für mich. Vielleicht bin ich durch den Unfall auch nur pragmatischer geworden. Ich kann heute oder jetzt gleich tot sein, vom Felsen fallen, überfahren werden, im Einsatz angesprengt werden. Hier und jetzt – etwas anderes zählt eigentlich nicht. Aber so kann man doch auch nicht immer leben.

Robert damals, der mich vom Felsen gekratzt und so oft im Krankenhaus besucht hat, der wäre bestimmt der Richtige gewesen. Aber das wäre zu kitschig gewesen. „Der Märchenprinz, der Dich rettet, Ihr bekommt viele Kinder und lebt glücklich bis ans Lebensende. Das ist ein bisschen zu viel gutes Karma, meinst Du nicht auch?“ hatten meine Freundinnen gelästert.

Ja, aber es wäre trotzdem schön gewesen. Ich habe ihn abgewiesen und noch nicht einmal mit ihm eine Nacht verbracht. Wahrscheinlich genau in dem Wissen, das er der eine Richtige gewesen ist. Und dann schlägt dieses Scheißglück noch ein zweites Mal zu. Ist das zu fassen?

Dieser Robert, der mich gerettet hat, indem er fast sein ganzes Blut hat in mich laufen lassen und selbst dabei draufgegangen wäre ohne zu zögern, was ziemlich dämlich war, aber sehr romantisch, dieser Robert steht plötzlich im Feldlager vor mir und strahlt mich an! Erzählt, dass er sich auch für die Laufbahn MedEvac entschieden hat und leistet nun Dienst im gleichen Kontingent.

Ich war wie vom Donner gerührt und nein; ein zweites Mal lässt sich das Glück nicht verarschen. Ich will ihn unbedingt und es fühlt sich so richtig und so schön an. Seit langem bin ich endlich wieder glücklich und denke nicht nur an den nächsten Tag. In zwei Monaten kommen wir heim und wenn wir Glück haben, können wir vielleicht am gleichen Standort sein.

Bis dahin gibt es hier aber noch viel Staub, Blut und Tränen zu schlucken. Besonders schlimm finde ich immer, die Angst in den Augen meiner Kameraden zu sehen, wenn sie nach einer schweren Verletzung realisieren, dass ab genau jetzt nichts mehr sein wird wie vorher. Ich erinnere mich dann immer an meinen Unfall, den alles niederschreienden Schmerz, die pulsierende Hilflosigkeit, die erschrockenen Blicke von Robert, die mehr sagten als alle Worte. Ich nehme dann zwischendurch immer die Hand des Verletzten und erkläre ihm oder ihr, was wir gerade tun und dass wir alle füreinander da sind.

Ich weiß, dass ich in diesen Momenten nicht immer zu ihnen durchdringe und dass sie vielleicht nur die Hälfte mitbekommen, vollgepumpt mit Schmerzmitteln, aber sie sollen immer wissen, dass wir da sind und nicht weggehen.

Ich weiß, wie lang allein meine Knochenbrüche damals heilen mussten und wie mühsam der Weg zurück in den Dienst war. Leider sehen wir im Einsatz aber auch oft Verletzungen, bei denen klar ist, dass sie ein Leben lang bleiben werden, entstellend sind, einen normalen Alltag erschweren oder weitere Operationen nach sich ziehen und dann ist es schwer, Worte der Aufmunterung zu finden. Aber wir versuchen es trotzdem und sei es nur, um zu zeigen, dass wir da sind und auch im Schmerz zusammenhalten. Manche wollen dann viel Zeit für sich, aber der Grat zwischen allein sein wollen und einsam sein ist manchmal schmal.

Der Ort ist mit Bedacht gewählt und das Ziel klar formuliert. Die Ungläubigen sollten heute Angst bekommen und Allahs Allmacht spüren. Sie sollen sich nicht mehr sicher fühlen und da getroffen werden, wo es richtig wehtut; nicht da vorn an der Frontlinie, die es morgen hier geben würde und wo die harten Krieger kämpfen, die täglich damit rechnen müssen, verwundet oder getötet zu werden, sondern da, wo sie Hilfe suchen, wenn sie wirklich verwundet sind und ausgeflogen werden wollen. Da wo sie leiden, keine harten Krieger mehr sind und nur noch wegwollen; denn das war die große Ungerechtigkeit in diesem Krieg: Diese gut genährten, gesunden und bestens ausgerüsteten Soldaten, ausgeruht und aufmunitioniert, konnten sich der Situation fast immer entziehen, wenn sie verwundet wurden. Dann kamen nach kurzer Zeit zwei Hubschrauber, einer sicherte von oben, der andere landete, Soldaten und Sanitäter schwärmten aus und nahmen den oder die Verwundeten auf. Die Gotteskrieger dagegen konnten nicht einfach aus dem Kampfgebiet fliegen. Sie mussten bleiben und leiden. Und wenn sie verwundet wurden, war das meist ihr Todesurteil; offen war nur, wie schnell und wie der Tod kam.

Jenny hat heute Dienst im Lazarett und kann daher am Mittag und am Abend einige Stunden mit Robert verbringen. Sie gehen zusammen Mittagessen und vor dem Abendessen besucht sie ihn für eine kleine, aber sehr leidenschaftliche Zwischenmahlzeit.

Der Schütze bezieht nun einen Tag vor dem geplanten Gefecht seine Position. Er verbirgt sich auf halber Höhe eines kleinen Hügels; hoch genug für ein gutes Schussfeld, niedrig genug, um nicht exponiert zu sein und Gefahr zu laufen, entdeckt zu werden. Zwischen den großen Steinen fällt er in seinem erdigen Umhang nicht auf und sogar eine Patrouille gegnerischer Soldaten geht am Abend an seinem Versteck vorbei, ohne ihn zu bemerken. Er hätte jetzt schon schießen können, tut es aber nicht. Er hat seinen einen wichtigen Auftrag in diesem heiligen Krieg. Er soll nur diesen einen Schuss abgeben. Der Schütze wartet und die Nacht kommt, dann der nächste Morgen und das Gefecht beginnt.

Der Befehl zum Rettungseinsatz kommt in der Mittagshitze. Keine drei Minuten später sind die beiden MedEvac-Helikopter in der Luft. Jennys Team ist an diesem Tag für den Einsatz am Boden eingeteilt und der Pilot sucht nun passendes Gelände für die Evakuierung von drei Verwundeten. In der Nähe des Gefechtsfeldes gibt es eigentlich nur eine geeignete Fläche, die auch schon von den Soldaten am Boden als Landefläche markiert wurde. Am Abend zuvor waren sie hier problemlos patrouilliert und nun war in der Nähe bei einer weiteren Patrouille am Morgen unvermittelt ein Gefecht losgebrochen. Aber soweit Jenny und ihr Team das über den Funk mitbekommen, haben die Kameraden am Boden die Situation gut im Griff und würden das betroffene Dorf bald gesichert haben. Nur waren dabei auch drei Kameraden verwundet worden, die ausgeflogen werden mussten. Einer soll am Oberarm einen glatten Durchschuss erlitten und viel Blut verloren haben; der Zweite war von Granatsplittern im Gesicht und am Hals verletzt worden und der Dritte hat eine sehr schmerzhafte Schussverletzung am Unterleib. Also ist Eile geboten und der Helikopter mit Jenny an Bord setzt zur Landung an.

Der Schütze liegt noch immer in seiner Stellung zwischen den Steinen. Er hat die Helikopter bereits lange gehört, bevor er sie zu Gesicht bekam. Sein Herz schlägt jetzt bis zum Hals und das Blut hackt vor Anspannung in seiner Kehle.

Jenny macht sich fertig. Der Doorgunner ist hochkonzentriert und checkt das Umfeld. Er sieht die Kameraden am Boden. Sie warten etwas abseits, offenbar ohne Feindkontakt. Er checkt nochmals das Gelände. Alles gut, seine Kameraden haben alles im Griff.

Ruhig einatmen. Ruhig ausatmen. Ruhig einatmen. Ruhig ausatmen. Langsam atmen, den Puls senken. Der Schütze beobachtet den Trupp deutscher Soldaten mit den drei Verwundeten in seiner Nähe. Er könnte sie jetzt alle töten, bevor sie Deckung fänden; aber er hat einen anderen Auftrag: Diesen einen wichtigen Schuss setzen und Allah ist mit ihm. Einer der beiden Helikopter bleibt oben und sichert wie erwartet, aber sie werden ihn nicht entdecken. Der Andere senkt sich herab und landet dröhnend keine hundert Meter von ihm entfernt im Staub. Die

Position ist perfekt gewählt. Er hat freies Schussfeld, die Sonne blendet nicht, den Staub kennt er gut, das Ziel ist nah, Allah ist bei ihm und der Helikopter berührt den Boden. Soldaten springen heraus und er sucht sein Ziel. Er ist nun ganz ruhig und lässt sich mehrere Atemzüge lang Zeit, das Richtige zu tun. Sein Blick wird auf etwas Helles gelenkt: Sonnengoldene Locken, die unter einem Helm hervorquellen. Ein Zeichen Allahs!

Als die Kugel unter Jennys Helm einschlägt, wird ihr Körper mit voller Wucht nach hinten zurück in den Helikopter geschleudert und ihre Seele wird endloses Licht.

Der Schütze liegt unbeweglich in seinem Versteck zwischen den Steinen. Er ist in sich gekehrt und betet zu Allah. Er hat den Umhang nun ganz über sich gezogen und sieht nur noch durch einen kleinen Spalt, dass die Hubschrauber abdrehen und immer mehr Soldaten in seine Richtung vorrücken.

Jennys Kameraden haben nach wenigen Sekunden begriffen, dass sie ihr nicht mehr werden helfen können. Den Soldaten mit der Unterleibsverletzung nehmen sie noch auf und starten eilig. Sie müssen später wiederkommen, wenn der gegnerische Schütze von den Kräften am Boden erfolgreich bekämpft wurde.

An diesem Abend geht die Sonne in einem hellen Orange hinter dem Feldlager unter und färbt den Staub golden. Es wird Nacht. Einer der Soldaten stellt eine Lautsprecherbox auf das Dach seines Containers und immer wieder dröhnt daraus Alan Walkers „Diamond Heart“[2] durch die Dunkelheit:

„I’d give you all my love
If I was unbreakable
You could shoot me
With a gun of gold
If I was unbreakable
I’d walk straight
Through the bullet“

Zunächst traut sich niemand, die Endlosschleife zu unterbinden. Alle sind wie betäubt und irgendwie passt das Lied ja auch zur Situation und ganz besonders zu Jenny. Schließlich geht der Militärseelsorger zum Container des Soldaten und klopft. Die Tür bleibt zu und er setzt sich davor auf eine staubige Palette. Ab und an steht er auf und klopft erneut, spricht immer wieder in ruhigen Worten zwischen den dröhnenden Bässen. Es dauert lange, bis ihm geöffnet wird und nochmals eine kleine Weile, bis die Musik leiser wird. Der Seelsorger bleibt bei dem Soldaten und als beide schließlich doch aus dem Container treten, dämmert schon der Morgen und ein neuer staubiger Tag beginnt in Afghanistan.

Dieser Soldat hatte vor einigen Monaten eine kurze Affäre mit Jenny. Sie hatte ihn aufgefangen, als er die Nachricht bekam, dass ihn seine langjährige Freundin in Deutschland betrogen und für einen anderen Mann verlassen hatte. Jenny nahm ihn für einige Nächte in ihre liebevollen Arme und hatte dankbar seinen Schmerz auf sich genommen. Sie hatte ihm wieder eine kleine Liebe in das zerrissene Herz gepflanzt und so die Trauer und Wut gemildert. Ihm ging es danach wirklich besser, auch wenn Jenny nicht bei ihm bleiben wollte. Aber sein Leben war weitergegangen und er fühlte sich nun freier und angekommen in Afghanistan. So, als wäre nun dieses Feldlager, diese liebevoll tröstende Kameradin und seine Kompanie sein einziges Zuhause.

Nun ist Jenny tot; ausgelöscht und nicht mehr da. Einfach weg; beziehungsweise kalt im Kühlcontainer. Der Soldat verkraftet das nicht. Er vertraut sich niemandem an. Er versucht allein stark zu sein. Nach einigen Wochen innerer Kämpfe und schlafloser Nächte wird er aufgeben. Seine Kameraden finden ihn eines Morgens erhängt in seinem Container und auch er ist dann weg; beziehungsweise kalt im Kühlcontainer.

Robert ist tief geschockt und trauert auch um Jenny, die er vor vielen Jahren rettete, die er verloren glaubte, wiederfand und nun doch für immer hergeben muss.

Es ist herzzerreißend ungerecht und nicht auszuhalten. Die Tage kondensieren in endlosen Stunden zu kleinen Augenblicken, in denen der Schmerz unerträglich ist. Robert findet kaum Schlaf und wenn, dann ist es nur ein erschöpftes Zusammensacken, um Minuten später wieder hochzuschrecken. In den ersten Sekunden meint er dann, alles nur geträumt zu haben, bis ihn die Realität unbarmherzig einholt. Jeden Tag geht er mehrfach zum Kühlcontainer und schaut nach Jennys Sarg. Seine Kameraden sehen nach ihm, reden mit ihm oder setzen sich einfach nur zu ihm. Robert weint dann manchmal still vor sich hin und findet keine Worte.

Als Jennys Sarg ausgeflogen wird, steht er mit im Spalier und seine Kameraden links und rechts neben ihm haben ihn im Blick. Als das Flugzeug mit Jennys Leichnam abhebt, steht Robert im Staub Afghanistans, blickt der Maschine nach und fühlt sich das erste Mal inmitten seiner Kameraden einsam.

Die Trauer füllt ihn in den kommenden Tagen und Nächten mit Schmerz und lässt nicht locker. Er sucht Ablenkung in seiner Arbeit und schließlich schafft er es, seinen Schmerz und seine Trauer mit seinen Kameradinnen und Kameraden im Feldlager zu teilen und weiterzumachen. In Erinnerung an ihren Einsatz und an Jenny entwerfen sie ihr eigenes Patch und tragen es, wann immer möglich und wann immer erlaubt.

Robert wird Jenny nie vergessen; ganz im Gegenteil: Ihr Name, das tiefe und strahlende Blau ihrer Augen sowie ihre goldenen Locken werden an einem sonnigen Abend in Berlin auf dem Patch an seinem Oberarm auf einem preisgekrönten Bild zu sehen sein und sie wird sowieso immer untrennbar mit ihm verbunden bleiben.

Der alte Gotteskrieger

Auf der linken Seite des Bildes sticht eine Person charismatisch hervor. Es ist ein alter Mann auf Seiten der Taliban; offenbar der Ranghöchste in der kleinen Gruppe und nicht minder entschlossen als seine Begleiter. Sein Gesicht ist sonnengegerbt und die Augenbrauen sind buschig und weißgrau. Darunter blicken dunkle Augen wachsam und glänzend über seine AK47 im Anschlag hinüber zu den Ungläubigen.

Das Gewehr ist alt und schartig, aber gut gepflegt. Vorderschaft und Kolben sind für eine Kriegswaffe fein gemasert und gut geölt, nun jedoch etwas staubig. Seine grauen Haare fallen strähnig unter seiner Kopfbedeckung hervor und sein langes Gewand wirkt sehr gepflegt, aber nicht neu. Es ist an einigen Stellen kunstvoll geflickt und nach dem Gefecht staubig. Hinter dem rechten Ohr das Mannes läuft ein kleines Rinnsal den Hals hinunter und hat am Kragen bereits einen braunroten Fleck hinterlassen. Der alte Mann trägt eine kleine Umhängetasche aus dünnem Ziegenleder, in der sich etwas Proviant und Munition befinden. Sein Gesicht ist angespannt und man sieht ihm an, dass er erschöpft und durstig ist, aber nicht wütend. Er scheint genau zu wissen, was er hier tut und nicht das erste Mal in einer solchen Lage zu sein.

Sein rechter Zeigefinger liegt auf dem Abzug seiner AK47, kennt den Druckpunkt genau und seinen Augen ist anzusehen, dass er nicht nachdenken wird, ob er abdrückt, sondern dass er nur auf den Auslöser wartet. Sein Gesichtsausdruck zeigt aber auch noch etwas Abwartendes.

Er scheint nicht als Erster schießen zu wollen. Vielmehr empfindet er die Situation als lästig und unwürdig. Jedenfalls wird er hier und heute nicht sterben wollen und er wirkt neben seiner zur Schau gestellten Anspannung auch etwas defensiv. Vielleicht ist defensiv nicht das richtige Wort. Er wirkt überlegt, wenn nicht gar überlegen, so als wüsste er, dass er hier und heute weder sterben noch töten wird.

Vielleicht ist beseelt das richtige Wort. Beseelt von der Gewissheit, Allah auf seiner Seite zu haben, der ihm irgendwann etwas Ruhe gönnen wird. Der Name des alten Kriegers lautet Aziz.

Aziz

„Am dritten Tag versammelte der oberste Kriegsherr seine Heerführer um sich. 'Nun laß uns sehen, wie sich der Bursche in Wind verwandelt.', sagte er, an den Alchimisten gewandt. 'Wir werden sehen', antwortete der Alchimist. Der Jüngling brachte sie an den Ort, wo er am vorherigen Tag gewesen war. Dann bat er alle, sich zu setzen. 'Es wird eine Weile dauern', sagte er. 'Wir haben keine Eile.' erwiderte der Anführer. 'Wir sind Männer der Wüste.'"

Paolo Coehlo
Buch „Der Alchimist"[3]

Aziz war bereits ein erfahrener junger Stammeskrieger, als die Sowjets in sein Land kamen. 1979 und in den Jahren darauf kämpfte er als Mudschahed für sein Tal und für seinen Stamm. Er sah die Feldherren kommen und gehen, sah die Stammesführer älter werden und an Krankheiten, in Gefechten oder bei Attentaten ihrer eigenen Leute sterben, sah Kinder leiden und ihre Mütter weinen. Es gab eine Zeit, in der Aziz am liebsten weggelaufen wäre und alles hinter sich gelassen hätte. Er hätte fliehen können, so wie viele seiner Brüder und seiner Kämpfer. Aber Aziz war geblieben. Er hatte sich dafür entschieden, nicht schwach zu sein, nicht an sich selbst zu denken, sondern seiner Familie, seinem Stamm und Allah zu dienen. Das ging nur hier, denn hier war seine Familie, sein Gebiet und nur hier in seinem Tal konnte er Allah spüren. Hier wusste er, was das Richtige ist und was nicht. Hier kannte er jeden Stein und wusste auch, wer welchen Pfad nahm und wer ein Trottel war.

Aziz hatte sich immer in der zweiten Reihe gehalten. Er kämpfte tapfer, war aber nie heldenmütig ins Feuer gerannt, wie andere junge Gotteskrieger, die nun lange tot waren. Er hatte immer nur die Kämpfe angefangen, bei denen er vorher spürte, dass er sie dominieren und lenken konnte. Sein Vater hatte ihm das auf den Weg gegeben: „Aziz, nur ein lebendiger Mudschahed kann tapfer und mutig sein. Sei tapfer und mutig!“ Es hatte eine Weile gedauert, bis Aziz den tieferen Sinn verstanden hatte; zum Glück lebte er lang genug, um zu dieser Erkenntnis zu kommen und war damit zu einem wertvollen Krieger für sein Tal geworden. Auf seinen Rat wurde gehört, auch wenn er nie Wert darauf gelegt hatte, um seine Meinung gefragt zu werden, und tief in seinem Herzen wollte Aziz eigentlich nur in Ruhe auf einem Hügel sitzen, in die Abendsonne sehen, in Frieden mit sich und den Seinen sein.

Aber solche Momente hatte es für ihn in den vergangenen Jahrzehnten nur selten gegeben, da allenthalben fremde Mächte versuchten, Einfluss in seinem Tal auszuüben. Aziz hatte immer wieder darüber nachgedacht, warum sein Land und sein Gebiet ständig bedrängt wurden. Er war jedoch zu keinem Ergebnis gekommen, sondern lebte nur das

Leben als Krieger weiter. Er konnte sein Tal und seinen Stamm verteidigen, auch wenn er dafür nicht von allen Leuten im Tal geachtet wurde. In den letzten Jahren hatten viele Dorfbewohner die Macht der Gotteskrieger in Frage gestellt, dabei waren sie doch die Einzigen, die sich hier unablässig aufopferten.

Aziz fand sich jetzt in einer Situation wieder, die er so nicht hatte kommen sehen und die für ihn in all ihren möglichen Folgen nicht berechenbar war. Er fühlte sich äußerst unwohl dabei und seine Kampferfahrung half ihm heute wenig. Die deutschen Soldaten waren in das Dorf am Taleingang gekommen, wohl um zu zeigen, dass sie hier das Sagen haben.

Aziz und seine Kämpfer hatten sich dann entschlossen, sie möglichst sanft zu vertreiben, um weiteren Schaden vom Tal abzuwehren und Herr der Lage zu bleiben. Also eröffneten sie auf seinen Befehl hin das Feuer so zeitig wie möglich und verzichteten darauf, die Deutschen von mehreren Seiten unter Beschuss zu nehmen. Es waren sowieso viel zu wenige Soldaten, um ihnen ernsthaft gefährlich werden zu können. Als die Deutschen sich nach einem kurzen und unentschlossenen Gefecht zurückzogen, verschoss einer seiner jüngsten und unerfahrensten Kämpfer eine Granate, zielte zu kurz und traf mitten ins Dorf. Wo genau die Granate eingeschlagen war, konnte Aziz zunächst nicht erkennen, aber er sah, wie sich einige deutsche Soldaten plötzlich in Richtung des Dorfes aufmachten. Er griff sich zwei seiner Leute, unter anderem seinen besten Krieger

Navid aus dem Dorf hier selbst, und machte sich auch auf den Weg.

Als sie ankamen, kniete da bereits einer der deutschen Soldaten am Boden und versorgte ein Kind. Plötzlich schrie Navid neben ihm auf „ANARAM!!!" und rannte mit der umgehängten Kalaschnikow und erhobenen Händen auf die Deutschen zu. Aziz war wie versteinert und erst langsam sickerte ihm ins Bewusstsein, dass das blutende Kind da im Staub der Straße Navids Tochter sein musste. Nun kam auch noch Navids Frau angelaufen und alle schrien sich an und die Deutschen fuchtelten mit ihren Gewehren vor Navids Gesicht herum, der aber nur Augen für seine Tochter hatte.

Aziz gefiel nicht, dass Navid so nah bei den Deutschen war und Gefahr lief, gefangen genommen zu werden. Ihm gefiel auch nicht, dass sich damit das Kräfteverhältnis hier vor Ort zu seinen Ungunsten verschob. „Baran, wir rücken auf." befahl er seinem verbleibenden Kämpfer, nahm seine AK47 in Anschlag und bewegte sich ruhig aber entschlossen auf die kleine Menschengruppe zu. Sobald die Deutschen ihrer gewahr wurden, schrien sie ihnen entgegen, dass sie zurückbleiben sollen. Baran und Azis ließen sich davon nicht beeindrucken und rückten ruhig weiter auf, bis sie direkt hinter Navid standen, der sich inzwischen neben seine Frau und sein Kind hingekniet hatte. „Navid, nimm deine Waffe auf." sprach Aziz leise und eindringlich zu ihm und Navid gehorchte. Die Deutschen schossen nicht, denn inzwischen waren fünf Waffen aufeinander gerichtet und nun sechs, mit Navid. Jetzt fühlte sich Aziz wieder etwas wohler, überlegte aber immer noch fieberhaft, wie er diese Situation auflösen konnte, ohne weiter zu eskalieren oder ohne sich gefangen nehmen zu lassen, was sowieso nie in Frage gekommen wäre. Drei Krieger hier, drei Ungläubige dort und in der Mitte drei Ungefährliche: Das waren die guten Nachrichten.

Unklare Lage in seinem Rücken und unklare Lage in deren Rücken, vielleicht bald Verstärkung? Für mich? Für sie? Das wollte Aziz nicht laufen lassen und das war die schlechte Nachricht: Ich muss schnell eine gute Entscheidung treffen. Wer ist der Anführer von denen? Spricht er unsere Sprache? Aziz warf einen Blick hinunter zu dem Mädchen und sah, dass der Sanitäter die Blutung gestoppt hatte. Jetzt musste er sofort entscheiden, damit er hier weiter die treibende Kraft war. Er wollte nicht riskieren, dass sie das Mädchen mitnahmen, dann würde Navid sicher seine Waffe wegwerfen und mitgehen. In diesem Moment sah der feindliche Sanitäter zu ihm auf und Aziz erkannte seine eigene Frage in seinen Augen. Was wird mit dem Mädchen? Wenn sie es mitnehmen, werden sie es in ihrem Lazarett gut behandeln und sie hätte eine gute Chance, die Verletzung zu überleben. Wenn das Mädchen hierbleibt, liegt ihr Überleben allein bei Allah. Allah ist groß, sehr groß und dieses Mädchen ist sehr klein. Das Mädchen bleibt hier.

„Klick“ macht es rechts neben Aziz und er zuckt kurz zusammen. Er hatte nicht mitbekommen, dass eine weitere Person das Spielfeld betreten hat und braucht einen kleinen Moment, um zu begreifen, dass dies nur ein Fotograf ist. Allerhöchste Zeit, hier wieder Kontrolle über die Situation zu erlangen. „Navid, nimm Deine Tochter und dann Rückzug. Jetzt sofort!!“ Navid gehorcht.

Der deutsche Gruppenführer

Am rechten Bildrand ist ein hoch gewachsener Soldat zu erkennen, der mit seinem braungebrannten, kräftigen und sehnigen Hals eine athletische Statur unter der massigen Splitterschutzweste erahnen lässt. Sein Dienstgradabzeichen weist ihn als Feldwebel aus und er ist hier Gruppenführer. Seine Position ist leicht abgesetzt, sodass er alle im Blick hat, voll agieren und führen kann.

Er hat mit wachsendem Unbehagen wahrgenommen, wie die Situation sich durch die Anwesenheit der Taliban geändert hat und versucht fieberhaft, seine Prioritäten neu zu ordnen. Der Soldat ist ungefähr dreißig Jahre alt. Sein Gesicht lässt erste Falten rund um den Mund und die Augenpartie erkennen, die Halsschlagader pulsiert. Er ist hochgradig angespannt und auf die gegnerischen Taliban fokussiert.

Seine Waffe ist auf den Ältesten der Taliban gerichtet, in dem er aufgrund seiner Körperhaltung, seines Alters und seiner harschen Worte zu den anderen Kämpfern den Ranghöchsten vermuten mag. Der Helm des deutschen Soldaten ist an der linken Seite über dem aktiven Gehörschutz beschädigt, vermutlich kürzlich durch eine gegnerische Kugel oder ein Schrapnell.

Er blutet leicht an dieser Stelle und das Rot mischt sich an seinem Hals breit mit dem Staub, der inzwischen Helm, Haut und Uniform bedeckt.

Kurz zuvor hat er zu seinem Erschrecken gesehen, dass sich von der Seite ein Fotograf der Szenerie nähert, als wäre die Situation hier nicht schon kompliziert genug. Zum Glück haben die Taliban ihn bisher nicht wahrgenommen und vielleicht macht er seine Bilder und verzieht sich dann wieder. Das würde er bei der Nachbesprechung des Einsatzes harsch kritisieren, so viel ist klar, aber gerade ist es nicht zu ändern.

Über seinen Kopfhörer hört er den Funkverkehr seiner Kameraden mit und weiß, dass in wenigen Minuten Verstärkung kommen wird. Fast wäre ihm lieber, es käme keine, denn das wird die Taliban weiter provozieren. Wenn nur der Sani endlich fertig wird! „Moses, fertigwerden!“

Die Lippen des Soldaten sind rau und aufgesprungen; er hat offenbar zu wenig getrunken. Ansonsten verschwindet sein menschlicher Körper unter einer Bundeswehruniform, einer Splitterschutzweste, hinter einer dunklen Sonnenbrille und unter seinem modernen Stahlhelm, auf dem mit kleinen schwarzen Buchstaben steht:
„CLUSTERFUCK“.

Feldwebel
Mathias „Cluster“ Kaufmann

„Uns verbindet das schwere Wissen, dass die Menschheit und die Menschlichkeit geschändet werden können und das Geschehen oder Nichtgeschehen dieser Schändung von der Gewalt abhängen kann. Von der Gewalt des Guten zwar, aber doch von der Gewalt, mit der es verhindert werden kann – nicht allein von der Menschlichkeit an und für sich. In dieser Erkenntnis liegt der Ernst unserer Berufung und die Anforderung an den Charakter begründet, die so notwendig sind, um unserem Soldatsein Würde und Halt zu geben.“

Christian Trull
Generalmajor a. D. der Bundeswehr[4]

Kleine Dreckfontainen spritzen Cluster ins Gesicht und da, wo er eben noch aufrecht stand, krümelt Lehm aus der zerschossenen Mauer. „Runter! Deckung!!! Clusterfuuuuck! Was für eine Scheiße ist das denn?“ Trrrrrrrrrrrrrrrrit hört er neben sich das G36 eines Kameraden in trockenen Stößen losrasseln. Trrrrrrrrrrrrrrrrrit Trrrrrrrrrrrrit „Ich sehe sie nicht!!“ „Hinter den Bäumen“ Trrrrrrrrrrrrrrrrrrrit „Keule, nach hinten sichern“ Trrrrrrrrrrrrrrrrrrrrit „Siehst Du sie?“ Trrrrrrrrrrrrrrrrrit Cluster sucht die Baumgruppe am Ende des Dorfes ab und erkennt zwischen großen Steinen kleine hellbraune Klumpen … pffts pfffts pffts … wieder spritzt ihm Lehm ins Gesicht und er duckt sich tiefer an die Mauer, zielt und drückt ab. Trrrrrrrrrrrrrrrrit. Trrrrrrrrrrrit. Trrit. Nachladen. Trrrrrrrrrrrrrrrrit.

Am Ende sind alle müde, ausgelaugt, durstig und schmutzig zurück im Feldlager. Das Adrenalin flutet noch im Körper und macht schließlich träge und müde, ohne dass die Soldaten Schlaf finden können.

Niemand wurde verletzt, aber auch nur, weil der Gegner die Nerven verlor und zu früh das Feuer eröffnete. Vielleicht war das ja aber auch so gewollt. Wer kann das schon wissen. Die Fahrzeuge hatten etwas abbekommen, ansonsten blieb alles heil. Wären sie einige Meter weiter in das Dorf hineingegangen und wären die Taliban nicht so ungeduldig gewesen, wäre das sicher anders ausgegangen. Vielleicht wollten sie auch wieder nur ihre Macht demonstrieren und sich nicht wirklich auf ein ausführliches Gefecht im Dorf einlassen. So blieb es vorerst bei diesem kurzen Scharmützel in der Mittagssonne Afghanistans. Die Taliban hatten ihr Gelände markiert und den deutschen Soldaten heute die Grenzen ihrer Möglichkeiten aufgezeigt. Mehr war für beide gerade nicht drin. Das wussten alle Seiten und hielten sich für den Moment daran. Es war ein langsames und stetiges Austesten von Grenzen; so wie bei einem kleinen Kind, das die richtige Dosierung aus Weinen, Wut und Lachen an seinen Eltern testet und dabei lernt zu leben.

Cluster sitzt an diesem Abend mit seinen Kameraden vor den Wohncontainern in der kühlen Abendsonne des Feldlagers. Der Spieß ist mit einer ebenso kühlen Dose Bier für jeden vorbeigekommen und so schauen sie gemeinsam in den kitschigen Sonnenuntergang; geredet wird nicht viel, aber es ist gut, die Kameraden gesund und lebend in der Nähe zu wissen. Cluster denkt an die vergangenen Momente im Gefecht und dass es das zweite Mal ist, dass er während seiner ISAF-Einsätze hier sehr großes Glück hatte, nicht im Sack zurück zu fliegen. Das heute war Kinderkacke gegen das Gefecht auf Höhe 157. Dabei waren vier seiner Kameraden gefallen. Was für ein beschissener Dreckshaufen im staubigen Niemandsland.

Höhe 157 befand sich im äußersten Bereich des von ihnen zu kontrollierenden Gebiets und bisher hatte es da nie größere Probleme gegeben. Der Hügel befand sich am Eingang zu einem großen und weiten Tal und wurde immer von einem Zug gehalten, der im Wochenrhythmus abgelöst wurde.

Von hier aus ließ sich der Zugang zum Tal perfekt kontrollieren und auch die Russen und wahrscheinlich vor denen jede andere militärische Macht, die sich hier versucht hatte, hatten diesen Hügel zur Kontrolle des Gebiets genutzt. Wasser war in der Nähe, die Berge weit genug weg, um nicht ständig beschossen zu werden, nahezu ideale Bedingungen.

Höhe 157 hatte zwei Nachteile. Die Funkverbindung zum Feldlager war miserabel, manchmal für Stunden nicht möglich, und die Flanken des Hügels waren nicht besonders steil. Wenn ein Gegner unerschrocken und entschlossen kämpfte, hatte er keine schlechten Karten. Wie sich herausstellte, wussten das auch die Taliban.

Zwei Tage vor der Ablösung beobachteten sie bei schlechtem Wetter, wie gegen Mittag mehrere Wagen das Tal verließen. Zunächst war das nicht weiter ungewöhnlich, vielleicht Bauern oder auch Taliban, die auf Erkundungstour gingen. Die Pickups verschwanden jedenfalls bald wieder. Wenn bessere Sicht gewesen wäre, hätten die Soldaten sehen können, dass sie voll besetzt waren, als sie kamen und bis auf die Fahrer leer, als sie zurückfuhren.

Mit einsetzender Dunkelheit bemerkte einer der Soldaten mit der Wärmebildkamera, dass sich mehrere Personen auf der Fläche verteilt hatten und sich in der Dämmerung dem Hügel näherten. Er machte Meldung an Cluster, der hier Zugführer war. „Cluster, da kommen Taliban auf uns zu." „Wie viele?" „Dreißig bis vierzig" „Warte, ich komme". Cluster griff sich die Wärmebildkamera, konnte aber zunächst nichts erkennen. „Wo denn?" „Hab Geduld, die huschen immer zwischen den Steinen hin und her und kommen langsam näher." Cluster setzte die Wärmebildkamera wieder an. Tatsächlich, in der Ferne bewegten sich kleine leuchtende Punkte zwischen den Steinen hin und her.

Die Taliban wussten genau, dass die Soldaten sie mit den Kameras hier auf dem Hügel sehen konnten und hatten sich bisher nachts immer zurückgehalten; aber nicht in dieser Nacht.

Die Wärmesignatur war auch immer nur sehr kurz zu erkennen und verschwamm immer wieder, wenn sie in Deckung gingen. „Was haben die vor? Wir können sie doch sehen." „Meldung machen. Jetzt" „Keine Funkverbindung" „Mist, weiter versuchen!" „Verstanden." „Keine Chance" „Weiter versuchen." So nahm das Unheil seinen Lauf. Die Gegner rückten näher, waren aber immer nur kurz auszumachen. Auch für den Scharfschützen der Gruppe war es nahezu unmöglich, im Nebel der aufziehenden Nacht einen guten Schuss abzugeben. Auch waren sie noch nicht beschossen worden und hatten sich laut Befehl erst mal zurückzuhalten. „Ich lass mich doch hier nicht wie auf dem Präsentierteller abknallen!" „Cool bleiben, noch wissen wir nicht genau, was die vorhaben." „Die wollen die Stellung überrennen, was denkst Du denn?" „Wir warten noch." Cluster überlegte fieberhaft, was er tun konnte. Bisher war es nicht gelungen, ins Feldlager Meldung zu machen und die würden sich da auch keine Sorgen machen, weil ja immer mal keine Verbindung bestand. Raus aus der Stellung konnten sie nicht, weil die Taliban sich in der Dunkelheit verteilt hatten und sich offenbar gut auskannten. Alle Soldaten hatten ihre Stellungen bezogen, sich mit Munition versorgt und blickten in die Nacht.

„Wenn sie auf Einhundertfünfzig ran sind, habt Ihr Feuer frei. Scharfschütze, jederzeit, wenn ein gezielter Schuss möglich ist. Weiter Meldungen absetzen. Ausführen!"

Der Scharfschütze feuerte als Erster: „Treffer" Das Feuer wurde umgehend, aber sehr ungenau erwidert. Anhand der Mündungsfeuer konnten sie aber nun erkennen, dass sich die Taliban rund um Höhe 157 gleichmäßig verteilt hatten, teilweise schon fast bis zum Fuße des Hügels aufgerückt waren und offenbar ernsthafte Ambitionen hatten.

Zur gleichen Zeit fiel im Feldlager auf, dass sich, wie so oft schon, die Funkverbindung zu Höhe 157 verabschiedet hatte. Der Kommandostand im Feldlager versuchte in kurzen Abständen, Kontakt aufzunehmen und würde, falls kein Signal zustande käme, vorbeugend im Morgengrauen eine Patrouille zur Verstärkung entsenden. Gegen Mitternacht kamen dann Meldungen von Cluster über Funk, aber da war es schon fast zu spät. Umgehend wurden alle verfügbaren Soldatinnen und Soldaten zur Unterstützung losgeschickt und Luftunterstützung angefordert und als die Verstärkung schließlich Höhe 157 im Morgengrauen erreichte, bot sich ihnen ein Bild der Zerstörung und des Grauens.

Um den Hügel herum lagen die Leichen von Taliban und auf dem Hügel selbst fanden sie ihre entkräfteten, verwundeten oder toten Kameraden. Ein Hauptgefreiter hatte eine Schusswunde am Hals, die gerade von Robert, dem Sanitätsoffizier, der vom MedEvac auf Höhe 157 befohlen war, versorgt wurde. Der Scharfschütze hatte noch bis zum Eintreffen der Kameraden gelebt und mit dem Gewehr im Anschlag den Hügel gesichert. Er war dann mit Eintreffen der Kameraden erleichtert zusammengesackt und kurz darauf hörte sein Herz auf zu schlagen. Für Freude war kein Platz an diesem Morgen.

Cluster hatte, nachdem sie stundenlang im Gefecht waren und keine Meldung absetzen konnten, nach kurzer Diskussion das Kommando an den Scharfschützen übergeben, sich mit Meldetechnik in der Dunkelheit durch das Talibangebiet geschlagen und einen der umliegenden Berge erklimmen müssen, bis er endlich die Meldungen über den Angriff absetzen konnte. Seine Kameraden fanden ihn schließlich völlig entkräftet, dehydriert, verzweifelt aber lebendig im Staub. Es hatte einige Tage gedauert, bis Cluster wieder klar denken konnte und auch klar denken wollte. Militärisch gesehen hatten sie Höhe 157 gehalten und die Angreifer nicht nur zurückgedrängt, sondern vernichtend geschlagen.

Aber so einfach war es natürlich nicht, denn der Verlust war einfach zu hoch gewesen und Cluster fühlte sich schuldig, überlebt zu haben, allein und unsagbar leer. Auch litt er darunter, nicht bei seinen Kameraden gewesen zu sein, als das Gefecht immer härter wurde. Es folgten in der Woche darauf lange Gespräche mit dem Kompaniechef und dem Militärgeistlichen, obwohl Cluster gar nicht getauft war.

Aber der Kompaniechef hatte gesagt: „Geh hin, du bist keine Maschine.“ und Cluster hatte das irgendwie als Befehl aufgefasst.

Einige Tage später wurden die verwundeten Kameraden und die Gefallenen nach Deutschland ausgeflogen, Robert machte nach zwei Ruhetagen erst mal Dienst im Feldlazarett und Cluster war sich nicht sicher, ob sie ihn selbst auch heimschicken würden. Schließlich wurde ihm dann vom Kompaniechef mitgeteilt, dass er einen anderen Zug übernehmen sollte und dass er ihn nach dem Einsatz für die Offizierslaufbahn vorschlagen würde.

Cluster wusste nicht so richtig, was er davon halten sollte. Er hatte zu viele seiner Kameraden verloren, einige waren verwundet und für alle war er verantwortlich. Er würde das sein ganzes Leben lang nicht vergessen. Er würde nach der Rückkehr in Deutschland den Familien seiner gefallenen Kameraden in die Augen schauen müssen und zur Belohnung sollte er befördert werden?

Der Kompaniechef nahm ihn nach zwei Tagen des Zweifelns zur Seite: „Feldwebel Kaufmann, Sie haben da draußen Außerordentliches geleistet und wir sind alle sehr stolz. Sie werden mit Orden behängt und befördert. Das sollten Sie jetzt akzeptieren und weiter dienen. Haltung annehmen und gedenken Sie Ihrer toten Kameraden, indem wir tapfer weiterkämpfen. Niemand hat behauptet, dass das hier einfach wird und wir brauchen Leute wie Sie. Sie haben sich an Befehle gehalten, richtige Entscheidungen getroffen und hart gekämpft. Sie haben Ihre Kameraden da draußen nicht im Stich gelassen, sondern Hilfe geholt, ohne die Euch in einigen Stunden weitere Taliban den Rest gegeben hätten. Ohne Ihren Einsatz hätten wir Höhe 157 nicht gehalten und nur das zählt für mich. So dient ein Soldat, der seinen Schwur ernst nimmt und deshalb bleiben Sie hier, werden weiter kristallklar denken, Ihre Befehle befolgen und an meiner Seite kämpfen. Ihre neuen Kameraden sprechen übrigens mit Stolz und Respekt von Ihnen. Die Kameraden sagen, Sie hätten auf Höhe 157 von vorn geführt. Morgen gehen Sie wieder auf Patrouille. Sie werden genau hier, genau so und genau jetzt gebraucht, Soldat.“

Die verzweifelte Mutter

In der Bildmitte sitzt eine afghanische Frau, leidend über ihr kleines Kind gebeugt, Mitte zwanzig, nicht älter. Sie ist tief verzweifelt und ihr Gesicht ist vor innerem Schmerz und Leid zu einem langen, stillen Klagen verzogen. Sie krallt ihre Finger in das Kleid ihres sterbenden Kindes, aber sie wagt es nicht, ihr Kind anzufassen. Sie hat offenbar Angst, ihm weh zu tun und irgendetwas falsch zu machen.

Ihre dunkle Kleidung ist ärmlich und schmucklos, ihre Verschleierung verbirgt Hals, Ohren und Haare. Gegenüber vielen anderen afghanischen Frauen ist sie damit nicht voll verschleiert und erscheint in dieser Szenerie dafür umso verletzlicher. Sie sticht durch die fließenden Formen ihres Kleides als weicher Punkt aus dieser Gruppe der martialisch wirkenden Krieger heraus und bildet zusammen mit ihrem liegenden Kind und dem Sanitäter das Zentrum des Bildes.

Sie wirkt aber auch wie ein Fremdkörper, da sie durch ihre runde Körperhaltung und die weich fließende Kleidung so gar nicht zu der konfrontativen Szenerie passt. Da ihr Körper unter langen Stoffbahnen verborgen ist, wird nicht erkennbar, ob sie untersetzt oder schmächtig ist und kniend bleibt auch offen, ob sie groß oder klein gewachsen ist. In jedem Fall wirkt sie gebeugt, aber nicht gebrochen.

Ihr ist anzusehen, dass sie den Schmerz des Krieges nicht zum ersten Mal spürt und dass sie ihn trotz allen Leides mit Würde zu ertragen weiß. Sie beugt sich von links über ihr Kind und damit dem Sanitäter entgegen, der rechts des Kindes sitzt und sich seinerseits über das Kind beugt. Ihre Köpfe berühren sich fast und sie haben beide das Kind im Blick. Sie können sich nicht verstehen, aber sie haben in diesem Moment das gleiche Ziel.

Der Sanitäter spricht einige Brocken ihrer Sprache und versucht mit ruhigen Worten, die Mutter und das Kind zu beruhigen. Er wiederholt dabei in einem Kauderwelsch aus ihrer Sprache, seiner Sprache und Englisch immer wieder: „Wir wollen Euch nur helfen. Wir wollen nicht schießen. Bitte beruhigt Euch. Wir wollen nicht schießen. Alles wird gut. Wir wollen Euch nur helfen. Wir wollen nicht schießen." Nach einigen Augenblicken hört der Sanitäter, dass die Frau anfängt, seine Beruhigungen mit ihm nachzusprechen. „Wir wollen nicht schießen. Wir wollen Euch nur helfen. Bitte beruhigt Euch."

Amira

„Dreimal wurde Mariam in dieser Nacht aus dem Schlaf gerissen. Zuerst waren es die Raketen im Westen, abgefeuert in der Gegend um Karteh-Char. Dann wurde sie vom Schreien des Säuglings, den Beruhigungsversuchen des Mädchens und dem Klappern des Löffels an der Milchflasche geweckt. Schließlich war es der Durst, der sie aus dem Bett holte."

Khaled Hosseini
Buch „Tausend strahlende Sonnen"[5]

Amira wurde im Sommer 1985 geboren. Ihre Eltern waren Bauern im großen Tal und Alternativen dazu gab es für sie nicht. Es war vorherbestimmt, dass auch sie hier leben und auf den kleinen, trockenen Feldern arbeiten, Kinder bekommen und irgendwann – früher oder später – sterben würde. Wenn es gut für sie lief, würde sie an einen Mann verheiratet werden, der sie gut behandelte und versorgte.

Wenn es sehr gut für sie lief, würden sie sich gernhaben, Kinder bekommen und diese aufwachsen sehen, was in Afghanistan unwahrscheinlich genug war. Mehr war für Amira nicht zu erwarten. Nun, mit Mitte zwanzig, war ihr Leben eine unerwartete Mischung aus Glück, Liebe, Angst und Verzweiflung. Amira war sehr glücklich, dass sie mit Navid einen Mann heiraten durfte, der sie mochte und den sie achtete. Er behandelte sie und ihre Kinder immer mit Respekt und wenn sie ihn noch ein wenig besser hätte kennenlernen wollen, hätte sie auch erfahren, wie viele Kompromisse und welche Schuld er auf sich nahm, damit es ihnen weiter in bescheidenem Rahmen gut ging. Amira liebte ihre drei Kinder, die Allah geschenkt hatte und die ihr ganzes Glück waren. Sie gaben Kraft und Freude und besonders ihre älteste Tochter Anaram hatte etwas an sich, das alle Menschen sofort für sie einnahm und verzauberte.

Amira war sehr stolz auf Anaram, hatte aber auch große Angst, dass sie auch sie noch an den Krieg verlieren würde. Denn die beiden jüngeren Kinder hatten ihr schon die Not und die Minen genommen. Nur Anaram war ihr noch geblieben und Amira musste stark sein, um jeden Tag mit Freude für ihre Tochter da zu sein.

Manchmal kann Amira bei Verwandten im Nachbardorf fernsehen. Es gibt Nachrichten aus dem eigenen Land, die geprägt sind von Krieg, Unruhen, Anschlägen und Korruption der Mächtigen. Andererseits sieht sie in den gleichen Nachrichten auch, wie viel friedlicher es offenbar in anderen Ländern zugeht und das lässt sie mit ihrer eigenen Situation unzufriedener werden. Amira will gern weg aus dem Tal. Darüber gerät sie seit einigen Wochen immer mehr in Streit mit ihrem Mann Navid. Er ist tief verwurzelt in seinem Tal und versucht, sich mit den

Umständen zu arrangieren. Zu diesen Umständen gehören seit vielen Jahren auch die Taliban, die sich hier festgesetzt haben, kommen und gehen, wie sie wollen, Kämpfer rekrutieren und wieder verschwinden, wenn sie es für richtig halten. Navid versucht, für sich und seine Familie aus der Situation das Beste zu machen. Wenn das Stammesoberhaupt es anordnet, kämpft Navid mit den Taliban und wenn dies nicht zwingend nötig ist, wird Navid wieder zum Bauern. Amira gefällt das ganz und gar nicht, weil sie immer befürchten muss, dass Navid bei den Kämpfen getötet wird und sie dann komplett auf sich allein gestellt wäre. Auch würde sie ihr Dorf lieber ohne Taliban sehen und hofft, so der militärischen Aufmerksamkeit der ausländischen Truppen zu entgehen. Aber Amira hat hier nichts zu bestimmen und so bleibt ihr nur die weibliche Diplomatie, die Navid ein wenig zu führen vermag. Aber Allah ist groß und die Taliban mächtig im Tal.

Tief in ihrem Inneren wünscht sich Amira, ein eigenes Leben zu führen. Weit weg von ihrem Tal mit all den schlimmen Erinnerungen an den Tod ihrer beiden Kinder, weit weg vom Leid und der Not, weit weg vom Krieg und ja – auch weit weg von Navid. Denn bei allem Respekt und bei aller Achtung voreinander ist Navid nicht der Mann, den sie liebt. Er ist da und ihr Mann, ja – aber sie selbst hat ihn nicht für sich gewählt. Und so bleibt ihr Leben ein sich den Umständen fügen. Ändern kann sie wenig an ihrer Situation und solange Navid im Tal bleiben will, muss sie gehorchen. So verharrt Amira seit dem Tod ihrer beiden jüngeren Kinder in einem

Zustand des inneren Wartens auf Veränderung. Sie wartet, dass sich die äußeren Umstände verändern, dass sich ihr neue Möglichkeiten bieten, aus ihrem Leben auszubrechen und eine Andere zu sein.

Amira würde gern nach ihren eigenen Regeln leben, aber das interessiert hier niemanden. Sie würde gern mit ihrer eigenen Stimme sprechen und eigene Entscheidungen treffen. Aber ihr hört niemand zu und sie hat bei Lichte betrachtet auch keine Möglichkeit, ihre Stimme zu erheben. Sie hat keine Schule besucht, hat kein Telefon und selbst, wenn sie sich beim Dorfältesten über irgendetwas beschweren würde, bliebe sie trotzdem nur die Frau von Navid.

Amira gehört zu einer Frauengeneration, die man als „verloren" bezeichnen könnte. Hineingeboren in eine Gesellschaft, die durch jahrzehntelange, kriegerische Konflikte geprägt ist und in der die wirtschaftlichen Grundlagen fehlen, um so etwas wie begründete Zuversicht entstehen zu lassen. Sie hat keinerlei Schulbildung oder gar eine Berufsausbildung genossen und ist komplett in ihren familiären Pflichten gefangen. Amira hat sich in allem an ihrem Mann Navid auszurichten und auch er kann als bäuerlicher Gelegenheitstaliban sehr wenig selbst entscheiden. Amira aber erkennt über die wenigen Kontakte nach außen und das Fernsehen, dass ihre Lage hier alles andere als normal ist und mit großer Wahrscheinlichkeit auch nicht von Allah so vorherbestimmt wurde.

Sie hat bei den ausländischen Soldaten manchmal Frauen gesehen, die mit den männlichen Soldaten zusammen gleichberechtigt kämpfen. All dies lässt Amira in größer werdender Verunsicherung und Verzweiflung zurück und sie wird sich ihrer eigenen Ohnmacht immer bewusster.

(Selbst in dieser Geschichte bekommt Amira keine Stimme; kein eigenes Wort aus ihrem Mund zugestanden; nur Beschreibung ihres Seins, mehr nicht.)

Der böse Taliban

Neben Aziz steht ein deutlich jüngerer Mann. Sein Gesicht ist rund, feist und irgendwie verquollen. Tiefe Augenringe und teigige Haut prägen sein Gesicht. Er wirkt sehr ungesund und unzufrieden mit sich. Seine Kleidung ist zerbeult und verschlissen. Seine Füße stecken in schmutzigen und ausgetretenen Badelatschen.

Im Gegensatz zu Aziz strahlt dieser Mann keine Autorität aus und er scheint einer dieser Männer zu sein, die jede noch so kleine Macht sofort missbrauchen würden, um irgendeinen Vorteil für sich selbst zu erzielen und sei er noch so klein.

Seine Kalaschnikow ist nicht gepflegt, ebenso wie sein Bart und seine Haare. Alles an ihm ist schmutzig. In der Gruppe der Akteure wirkt er seltsam unbeteiligt. Weder schert er sich um das leidende Kind, noch scheint er besonders konzentriert in dieser brenzligen Situation.

Allein Verachtung dürfte das richtige Wort zu sein, um ihn zu beschreiben. Verachtung für sich selbst, für die Seinen und für die Ungläubigen. Verachtung für seine Umgebung und die gesamte Situation. Er ist anwesend, aber man ahnt sofort, dass er nichts Positives beitragen wird, um die Situation zu entschärfen oder zu einem wie auch immer gearteten guten Ende zu bringen. Zu der ausgestrahlten Verachtung gesellt sich auch noch Gleichgültigkeit und bei der Betrachtung der Fotografie schleicht sich der Gedanke ein, dass diesem Mann hier alles zuzutrauen wäre. Vielleicht rennt er weg und lässt sich erschießen, vielleicht eröffnet er das Feuer einfach nur so.

Es ist schwer, sich vorzustellen, dass dieser Mann vor nicht allzu vielen Jahren ein kleiner Junge war, der mit seinen Freunden auf den Hügeln hat Drachen steigen lassen. Es ist schwer, sich vorzustellen, was alles geschehen sein muss, damit dieser Mann hier genau solchen kleinen Jungen nun die Drachen wegnehmen und die Jungen schlagen würde, wenn sie neue Drachen bauten. Es ist schwer, sich vorzustellen, was er mit den Eltern der Jungen machen würde, wenn sie ihn beschimpfen oder zur Ordnung rufen würden. Es ist schwer, sich vorzustellen, dass dieser Mann für sich in Anspruch nehmen kann, ein Gotteskrieger zu sein und einen heiligen Krieg zu führen, denn ihm ist nichts heilig.

Es ist schwer, sich vorzustellen, dass Baran mal eine Familie gründen könnte. Vermutlich ginge das nur mit Zwang und Gewalt. Die gleiche Gewalt, aus der er selbst entstanden war und die fast sein ganzes Leben bestimmt hat. Nein, es ist nicht gut, dass Baran hier und jetzt anwesend ist. Trotzdem gehört er dazu.

Baran

„An einem kalten, dichtbewölkten Tag im Januar 1989, drei Monate vor ihrem zwölften Geburtstag, machte sich Laila mit ihren Eltern und Hasina auf den Weg, um die letzten sowjetischen Konvois abfahren zu sehen. An der Durchfahrtsstraße im Villenviertel Wazir Akbar Khan hatte sich vor dem Militärclub eine große Menschenmenge versammelt. Sie standen im matschigen Schnee und schauten der Kolonne Panzer, Panzerfahrzeugen und Jeeps nach, in deren Scheinwerfern leichte Flocken wirbelten. Hämische Zurufe und johlendes Gelächter waren zu hören."

Khaled Hosseini
Buch „Tausend strahlende Sonnen"[6]

Der Taliban Baran ist Anfang dreißig und sein Name bedeutet „Regen". Sein Vater hatte diesen Namen für ihn ausgesucht, weil er Regen als etwas Leben spendendes und lang Ersehntes ansah. Als etwas, auf das es sich zu warten lohnt, weil mit ihm neues Leben kommt, Neues und bestimmt etwas Besseres beginnt. Würde man Baran fragen, was für ihn Regen bedeutet, würde er vielleicht antworten, dass Regen Kälte mit sich bringt, Dreck, Schlamm und Krankheiten. Er könnte antworten, dass ihm das egal sei und die Sonne Hitze, Durst und Kopfschmerzen bringt und das auch nicht besser sei.

Baran würde diese Frage in der Realität aber gar nicht beantworten, weil er schon lang kein derartiges Gespräch mehr mit einem seiner Mitmenschen geführt hat. Er hat sich schon vor Ewigkeiten in sich zurückgezogen; macht, was ihm befohlen wird und lebt ansonsten in einer Traumwelt aus Gewalt, auswendig gelernten Suren und vermeintlich heimlich konsumierten Drogen. Baran denkt nicht über sich oder seine Zukunft nach, weil ihn das in den Wahnsinn treiben würde.

Abwechslung bringen die Gefechte mit den Ungläubigen oder kleine Grausamkeiten an Dorfbewohnern und insgeheim hofft Baran dann, dass er gnädig von irgendeiner Kugel zum Märtyrer gemacht wird. Aber selbst das scheint ihm nicht vergönnt zu sein.

Nun steht Baran also hier mitten im Dorf, zusammen mit diesem arroganten Aziz und dem liebestollen Navid. Beide sind in seinen Augen völlig unwürdige Taliban. Aziz ist mehr Politiker, der wie durch ein Wunder älter ist als sie alle zusammen, obwohl er vorgibt, ein Leben lang gekämpft zu haben. Dieser Navid dagegen rennt wie ein kopfloses Huhn herum, sobald irgendwas mit seiner Frau oder seinen Kindern ist. Naja, er hat jetzt nur noch eins, egal. Baran hätte große Lust, die Ungläubigen einfach zu erschießen. Was soll der ganze Zauber? Drei Gotteskrieger, vier Ungläubige – schauen wir doch mal, wer den mächtigeren Gott auf seiner Seite hat.

Sowieso alles egal. Er ist ja hier, um Ungläubige zu töten und nicht, um Politik zu machen. Dieser Aziz, der will hier niemanden töten, obwohl er die Chance hätte. Das ist unwürdig für einen Taliban. Eigentlich müsste man diesen Aziz zuerst aufhängen, diesen Verräter. Sie hätten längst schießen können und müssen. Was haben diese Ungläubigen hier überhaupt verloren? Sie sollen aus dem Tal verschwinden und ihren ganzen Krempel mitnehmen, oder besser noch den Krempel dalassen und einfach so gehen.

Wie sie da drüben stehen: Fettgefressen und mit Angst behangen. Eine dicke Schutzweste, weil ihr Gott kein Mächtiger ist. Eine dunkle Sonnenbrille, weil sie Angst haben, ihm beim Töten direkt ins Auge zu schauen. Ein neues Sturmgewehr, weil sie keinen Kampfeswillen haben. Handgranaten, weil sie Angst vor seinem Messer haben. Einen Stahlhelm, weil sie ihr Haupt nicht stolz erheben können. Kampfhandschuhe, weil sie sich die Hände nicht schmutzig machen wollen. Protektoren an den Armen und Beinen, weil sie Angst haben, sich selbst weh zu tun. Sprechfunk im Ohr, weil sie keine eigenen Entscheidungen fällen können. Literweise Wasser im Gepäck, weil sie die Quellen nicht kennen. Raue und grobe Worte in fremder Sprache, weil sie zu dumm sind, Allahs Sprache zu huldigen. Kleine und ängstliche Kinder, die nicht hierhergehören; nicht in sein Tal, nicht nach Afghanistan. Es wäre so leicht, abzudrücken.

All das denkt Baran, während er neben Aziz steht und auf das Gesicht des Soldaten ihm gegenüber zielt. In dessen Haltung meint er Angst zu erkennen und er verachtet ihn dafür. Wenn Baran die fremden Buchstaben lesen könnte, würde er auf dem Helm des jungen Deutschen „KEULE“ lesen können.

Der nachdenkliche Soldat

Der Soldat ist nicht besonders kräftig und die Ausrüstung wirkt an ihm irgendwie eine Nummer zu groß. Das G36 gab es offenbar nicht in Größe S. Auch der Helm und die Splitterschutzweste wirken so, als wäre er heimlich in zu große Schuhe geschlüpft. Vielleicht auch um dies zu kompensieren, hat er mit schwarzem Edding und in dicken Großbuchstaben „KEULE" auf seinen Helm geschrieben. Vielleicht möchte er größer sein als er ist; furchteinflößender als sein Habitus das zulässt. Es kann aber auch sein, dass er nur nach einem Kampfnamen gesucht hat, weil das eben so ist, wenn es ernst wird.

Vielleicht haben ihm aber seine Kameraden diesen Namen irgendwann im Suff verpasst und er war stolz, einen heroisch klingenden Namen abbekommen zu haben, auch wenn er vielleicht eher ironisch gemeint war. Jedenfalls wäre es diesem jungen Mann eher zuzutrauen, einen Bürojob mit festen Arbeitszeiten und Brotdose anzustreben, als hier in der afghanischen Mittagshitze zu stehen und in die Mündungen gegnerischer Kalaschnikows zu starren. Aber vielleicht ist er trotzdem ein entschlossener, kleiner Krieger, der auf seine eigene Art den Kameraden wertvoll ist.

Seine Uniform sieht etwas verblichener aus als die seiner Kameraden. Vielleicht trägt er sie schon länger oder lässt sie öfter reinigen. Körperhaltung und Gesichtsausdruck passen nicht so richtig zur Situation. Er wirkt zwar konzentriert, aber trotzdem abwesend, wie ein pubertärer Jüngling, der sich anstrengen muss, aufmerksam zu bleiben. Der Soldat hat weiche und noch jugendliche Gesichtszüge. Der Mund ist nicht verzerrt, die Mundwinkel glatt und entspannt.

Die Augen sind hinter einer Sonnenbrille verborgen, wie die der Anderen. Aber irgendwie passt auch sie nicht so richtig zu ihm. Der ganze junge Mann passt irgendwie nicht zu dem, was er ist und was er hier zu tun hätte. Er wirkt eher wie zu Besuch oder wie ein Beobachter, der mitmachen muss, weil noch ein Statist benötigt wurde. Aber nein, auch das trügt. Er ist schon aus eigenem Willen hier und er ist auch entschlossen, aber er wirkt dabei nicht offensiv oder aggressiv, auch nicht ängstlich. Er ist der Situation einfach nicht gewachsen.

Er kann innerlich nicht hier sein, er will nicht schießen müssen, wenn die Menschen so nah vor ihm stehen. Das macht ihn verletzlich und sein Gegenüber wittert das.

Frank „Keule“ Kennert

„Hier, du ziviles Leben, hier hast du mich wieder, aber ich kenne dich nicht mehr.“

Bericht von Tanja Malz
Buch „Die unsichtbaren Veteranen“[7]

Der Rückflug aus dem Einsatz dauerte zwei Tage und jeder Aufenthalt bedeutet ungeduldiges Warten. Nachrichten an die Angehörigen werden geschrieben, manche der Soldaten telefonieren viel und Vorfreude macht sich breit. Andere sind sehr schweigsam, wissend, dass daheim inzwischen viel geschehen ist.

Beziehungen wurden strapaziert, Vertrauen wurde gebrochen und manch Partnerin oder Partner wird das Warten nicht ausgehalten haben. Auch ist nicht klar, wie der Empfang am zivilen Flughafen sein wird. Kameraden wurden schon beschimpft, abwertend beäugt oder im besten Fall ignoriert.

Keule sitzt auf dem Boden und lehnt sich an seinen Rucksack. Sein Blick geht rüber zum Spieß, der die ganze Zeit am Telefon hängt und mit den Gedanken und Gefühlen schon zu Hause angekommen ist: „… Frühstück am Sonntag … Geburtstagsfeier … Radtour um den See ...“.

Keule ist dagegen gerade im Nirgendwo. Sein bisheriges Leben, so schien es, hatte sich konsequent auf die Monate im Einsatz hinbewegt. Er hatte gelernt, trainiert und schließlich gekämpft. Die Intensität der Anforderungen und Erlebnisse hatte sich immer mehr gesteigert. Die Kameradschaft hatte ihm geholfen, mit den seelischen Belastungen, dem körperlichen Stress, der Angst im Gefecht und der erzwungenen Schlaflosigkeit klarzukommen.

Er hatte so dienen können, wie er es geschworen hatte, er hatte es gut gemacht und konnte stolz auf sich sein. Er hat tapfer gekämpft, hat keinen seiner Kameraden im Stich gelassen und hat keine gravierend falschen Entscheidungen getroffen. Keine seiner Kameradinnen und Kameraden ist durch ihn zu Schaden gekommen. Für den Gegner dagegen war er eine ziemlich tödliche Gefahr und unbezwingbar. Trotzdem, oder vielleicht genau deshalb, schmerzt es ihn, dass sein Spieß in Gedanken bereits bei seinen Lieben ist, denn Keule ist noch in Afghanistan.

Auf dem letzten Flugabschnitt nach Berlin sitzt er in einem zivilen Flieger neben einem Mann mittleren Alters: Zivilist, vermutlich Geschäftsreisender. Dieser beginnt das Gespräch:

Guten Abend.

n‘ Abend.

Wo kommt Ihr her?

Afghanistan.

Es folgt ein langes Schweigen von beiden; nicht unhöflich, aber von Unsicherheit auf beiden Seiten zeugend.

Wie war es da?

Nicht gut.

Habt Ihr jemanden verloren?

Ja.

Das tut mir leid.

Mir auch.

Wieder schweigen sie in ihren Sitzen freundlich vor sich hin, während die Stewardess Getränke verteilt.

„Darf ich fragen, was da passiert ist?“ Keule antwortet nicht gleich und ist etwas verwirrt, weil er nicht damit gerechnet hat, dass dieser Mann konkret nachfragt. „Krieg. Krieg ist da passiert.“

Wieder schweigen sie eine Weile, bis Keule doch noch fortfährt: „Zwei Kameraden wurden angesprengt und schwer verletzt und ein weiterer hat es auch nicht geschafft."

Schweigen, dann ein tonloses „Das tut mir leid." „Danke, mir auch." Sie sind jetzt beide eine Weile still. Der Geschäftsreisende weiß nicht so richtig, ob er diesen fremden Soldaten lieber in Ruhe lassen soll oder ihn weiter befragen kann. Er möchte gern höflich sein, aber ihm auch gern zeigen, dass er sich für dessen Geschichte interessiert. Auch Keule weiß nicht, wie er sich verhalten soll. Es ist komisch, mit jemandem zu reden, den er gar nicht kennt und der trotzdem so nah bei ihm sitzt. Er ist ja offenbar selbst kein Soldat und Keule kann nicht einschätzen, wie er das Gespräch auffassen wird. Keule ist sich aber ziemlich sicher, dass dieser Zivilist in seiner ordentlichen Kleidung, der vom Solarium gebräunten Haut und seiner teuren Uhr nicht verstehen wird, was Krieg wirklich ist und wie sich Krieg anfühlt. Keule ist in Gedanken immer noch in Afghanistan.

Sie schweigen sich weiter freundlich an, bis der Zivilist ihn unvermittelt fragt: „Kann ich mal bitte raus?" und vor zur Toilette entschwindet, vorbei an Cluster und dem Spieß. Keule sieht, wie der Zivilist vorn mit der Stewardess redet. Diese verschwindet anschließend kurz im Cockpit und als sie wieder herauskommt, lächelt sie den Zivilisten an und drückt ihm das Bordmikrofon in die Hand:

„Ähm, guten Abend." dröhnt es kurz darauf knarzend aus den Lautsprechern der Kabine.

„Mein Name ist Helmut Klarnitz und heute sitzen einige Soldatinnen und Soldaten mit im Flieger. Sie kommen gerade aus Afghanistan und sind auf dem Rückflug zu ihren Familien. Ich hoffe, dass Sie alle gesund bei Ihren Lieben ankommen und möchte Ihnen danken, dass Sie uns allen dienen. Ich hoffe und wünsche, dass Sie unversehrt nach Hause kommen und mit dem Erlebten irgendwann Frieden schließen können. Möglicherweise findet der Pilot ja auch eine Möglichkeit, etwas schneller zu fliegen, damit Sie einige Minuten eher bei Ihren Familien sein können. Ja, danke für das, was sie da tun und einen guten Abend."

Keule war während dieser überraschenden Ansprache ein beklemmendes Gefühl in die Brust gefahren, den Hals hochgerutscht und schließlich laufen ihm einige Tränen über die Wange. Einige der Passagiere klatschen, aber längst nicht alle.

Herr Klarnitz setzt sich nach hinten in Bewegung und als er kurz vor dem Spieß ist, steht dieser auf, grüßt militärisch und seine Hand geht an seinen Oberarm. Dort greift er nach seinem ISAF-Patch, reißt es vom Klettverschluss ab, hält es kurz hoch, damit seine Kameradinnen und Kameraden es sehen können, und drückt es dem Zivilisten wortlos lächelnd in die Hand.

Herr Klarnitz schaut etwas verdutzt, nimmt es dann aber dankend an und geht weiter nach hinten zu seinem Platz. Als er bei Keule ankommt, steht dieser auf und lässt ihn auf seinen Fensterplatz. Der Zivilist nickt ihm freundlich zu und schaut auf das Patch in seiner Hand. „Das ist eine ziemlich große Ehre, so ein Patch geschenkt zu bekommen. Der Spieß mag eigentlich keine Zivilisten." sagt Keule und sieht aus dem Augenwinkel, dass der Mann neben ihm mit den Tränen ringt. Er schaut taktvoll zur Seite.

Plötzlich knarzt der Lautsprecher über ihnen wieder los: „Guten Abend, hier spricht Ihr Kapitän, Oberleutnant der Reserve Konstantin Wagner. Unsere Flugzeit nach Berlin verkürzt sich heute um zirka sieben Minuten. Thanks for your service, welcome back und eine ruhige Nacht." Frank muss lächeln und merkt, dass auch ihm die Tränen wieder in die Augen schießen. So sitzen die beiden fremden Männer nebeneinander, ringen mit ihrer Fassung und mit ihren Gedanken. „Haben Sie auch schon mal jemanden verloren?" nimmt schließlich Keule das Gespräch wieder auf. „Ja" „Das tut mir leid." „Danke." Langes Schweigen. „Darf ich fragen, was passiert ist?" „Meine Frau und meine beiden Kinder sind vor zwei Jahren bei einem Verkehrsunfall ums Leben gekommen." Wieder Wortlosigkeit und der Flieger landet in Berlin. Die Wege trennen sich. Keule ist nun irgendwo zwischen Afghanistan und seinem Leben in Deutschland.

Drei Jahre später sitzt er in der Sonne auf einer Parkbank. Er hat seinen Dienst bei der Bundeswehr beendet, nachdem er noch im Rahmen seiner Dienstzeit eine Zimmermannslehre absolvieren konnte. Die Arbeit mit Holz hatte ihm schon immer gefallen und eben hat er sich gefragt, warum er nicht gleich nach der Schule Zimmermann geworden ist. Vielleicht hätte er dann schon eine Familie? Vielleicht würde er schon Vater sein? Würde er das denn wirklich wollen? Würde er das denn wirklich können? Jeden Tag das Gleiche tun? Tagein, tagaus? Vielleicht, aber würde ihn das glücklich machen?

Trrrrrrrrrrit rasselt plötzlich und sehr unvermittelt ganz tief in seinem Kopf ein G36 los. Schweiß bricht ihm aus und der Puls rast. Trrrrrrrrrrrit und der Hals schmeckt eng. Trrrrrrrrrrrrrrit. Das ist nur in deinem Kopf. Trrrrrrrrrrrrrrrrrrrrrrrrrit. Das ist nur in deinem Kopf. Trrrrrrrrrrrrrit. Ruhig einatmen. Ausatmen. Einatmen. Trrrrrrrrrrrrrrrrrit. Einatmen. Ausatmen. Denk an was Schönes. Trrrrrrrrrrrrrrrit. Die Sonne scheint. Trrrrrrrrrrit. Wo bin ich? Trrrrrrrrrrrrrrrrit. Es ist alles gut. Trrrrrrrrrrrrrrrrrrrrrrrrrrrrrit. Die Sonne scheint. Trrrrrrrrrrrrrrrrit. Alles ist gut. Eigentlich ist dieses „Trrrrrrrrrrrrrrit“ im Kopf sogar ganz angenehm, so vertraut, so selbstverständlich. Trrrrrrrrit. In Franks Kopf wird es ruhiger und er ordnet nun seine Gedanken. Nein, es ist nicht normal, ein Sturmgewehr im Kopf rattern zu hören und den Rückstoß zu spüren, wo keiner sein dürfte.

Er wartet auf dieser Parkbank auf eine junge Frau, die er neulich beim Tanzen kennengelernt hat. Sie hatte sofort freudig zugestimmt, als er sie zu einem Spaziergang im Park eingeladen hatte und nun sitzt er hier, wartet auf sie, hat sich tagelang auf den Moment des Wiedersehens gefreut und plötzlich ist die Angst wieder da.

Trrrrrrrrrrrrrrrrit. Immer dann, wenn er sie nicht braucht. Trrrrrrrrrrrrrrrrrrit. Die Sonne ist ihm jetzt zu hell und zu warm und Frank steht auf. Er kann jetzt nicht mehr hier sein und er will jetzt nicht reden. Er will jetzt allein sein und will, dass sein G36 im Kopf verstummt. Vielleicht aber auch nicht. Trrrrit. Er möchte sich aber auf keinen Fall dieser wunderbaren Frau zumuten, steht auf und geht.

Trrrrrrrrrrrrrrrrit. Er bleibt nochmal kurz stehen; soll er doch bleiben? Trrrrit. Nein, es ist besser so; für sie und für ihn. Trrrrrrrrrrrrit. Einatmen. Ausatmen. Trrrrrrrrrrrit.

Der helfende Soldat

In der zentralen Gruppe des Bildes kniet rechts ein Soldat des Sanitätsdienstes der Bundeswehr. Das bunte und etwas unmilitärische Patch mit den sonnengoldenen Locken auf seinem Oberarm sticht sofort ins Auge und ist ein positiv wirkender Punkt in der ansonsten sehr aggressiven, spannungsgeladenen und erdig gefärbten Szenerie.

Der Arzt hat als einziger der deutschen Soldaten keine dunkle Schutzbrille auf und seine weiß behandschuhten Hände halten kein G36, sondern Verbandsmaterial und eine kleine Schere. Der junge Mann arbeitet konzentriert und über das kleine Mädchen gebeugt. Seine Uniform ist an den Oberschenkeln großflächig mit ihrem Blut durchtränkt. Sein Gesicht wirkt markant und dennoch fein geschnitten. Dunkle, lockige Haare quellen ein wenig unter seinem Stahlhelm hervor und Schweiß tropft von seiner Nasenspitze.

Er scheint in seiner Arbeit voll aufzugehen und die bedrohliche Szenerie um sich herum komplett ausgeblendet zu haben. Körperhaltung und seine im Foto eingefangene Gestik sind dem verletzten Mädchen und dessen Mutter zugewandt. Er strahlt diesen typischen Gestus des Helfenden aus. Es scheint egal, was um ihn herum geschieht, dass die Sonne erbarmungslos auf den Stahlhelm niederbrennt und seine Kameraden ihn mit ihrem Leben schützen müssen. Er hockt da, hilft und hat die Zeit, die er braucht. Er hat bei vielen Gelegenheiten gelernt, dass der Heilende genau eine Chance hat, das Richtige zu tun. Ist er zu schnell oder zu unaufmerksam, nimmt seine kleine Patientin noch mehr Schaden. Würde er seine Arbeit hastig oder unwirsch erledigen, wäre der Schaden noch größer. Und so sehen wir einen Sanitäter vor uns, der vom äußeren Augenschein eher zu Mutter und Kind gehört, als zu seinen Kameraden.

Es ist seltsam anzusehen, wie sich um Arzt, Kind und besorgte Mutter herum die anderen Akteure kompromisslos bedrohen, während die Drei in der Bildmitte in Fürsorge, Schmerz und Sorge weich ineinander aufgehen. Seltsam ist auch, dass diese Weichheit trotz der schweren Verletzung des kleinen Mädchens sichtbar ist und fast beruhigend wirkt.

Robert „Moses“ Voigt

„In unserer Feuerstellung hielt sich damals mit seinem Pferd unser Feldarzt Elan auf, welcher immer dann, wenn irgendwo ein französischer Feuerüberfall niederging, seinen Sanitätskasten auspackte und nach der unter Feuer liegenden Stelle ritt, um zu sehen, ob seine ärztliche Hilfe von Nöten war. Wir haben in jenen Tagen diese entschlossene Hilfsbereitschaft unseres Arztes sehr bewundert, zumal Dr. Elan auch dann mit seinem Sanitätskasten zur Stelle war, wenn ihn die Sache eigentlich gar nichts anging. Dem Dr. Elan, der Jude war, wurden später, nachdem er zum Infanterie-Regiment 21 versetzt worden war, beide Augen ausgeschossen. Ich sehe noch wie er, nunmehr blind geworden, auf Stroh gebettet in einem Kastenwagen nach hinten gefahren wurde. Das menschliche, tapfere und kameradschaftliche Verhalten Dr. Elans, das er mit seinem Augenlicht bezahlt hat, ist für mich ein tiefes Erlebnis geworden und schon in der Erinnerung an Dr. Elan werde ich nie in meinem Leben Antisemit werden können.“

Paul Rath, um 1931
Aufzeichnungen zum 1. Weltkrieg[8]

„Ich brauche die Kiste! Jetzt!"

„Gleich, dauert nicht mehr lang."

„Nein – jetzt."

„Lisa bitte, es dauert
doch nicht mehr lang.
Ich bring sie Dir dann."

Ein junger Arzt des Kommandos Sanitätsdienstliche Einsatzunterstützung sitzt an einem Krankenbett unter vielen. Die Krankenschwester, die sich drohend vor ihm aufgebaut hat, wirft ihm noch einen genervten Blick zu und verschwindet dann raschelnd zwischen weiteren Betten. Um ihn herum entfaltet sich ein permanentes Chaos aus eilendem Pflegepersonal und Ärzten, knisternder Schutzkleidung, fiependen und piepsenden Geräten sowie bunten Monitoren, die farbige Linien produzieren. Der Soldat hat heute viele Stunden lang in diesem Lazarettzelt gearbeitet und hat eigentlich seit einer Stunde Ruhezeit. Nur findet er keine Ruhe. Er zählt die Tage nicht und er zählt nicht die Toten; das können andere besser. Sein Name ist Robert und dies ist nicht sein erster Einsatz. Kein Training, kein Manöver – das hier sind sterbende Menschen und er weiß zwar, wie er ihnen helfen kann, aber es hilft ihnen nicht. Auch ist dies kein Auslandseinsatz, kein Afghanistan, kein Mali und kein Irgendwo. Diese Stadt hier heißt Berlin und ist seine Heimatstadt.

Robert hat es sich nach einigen Tagen angewöhnt, nach seinem Dienst noch etwas bei den Patienten zu bleiben, die im Sterben liegen. Er ist nicht gläubig, aber er hat die Bibel in seinen Händen und liest halb für sich, halb für diesen Patienten hier, der ihn vermutlich nicht mehr hören kann:

„Sechs Tage später nahm Jesus die drei Jünger Petrus, Jakobus und Johannes mit sich und führte sie auf einen hohen Berg. Sonst war niemand bei ihnen. Vor den Augen der Jünger ging mit Jesus eine Verwandlung vor."

Der Patient neben ihm liegt in einem intensivmedizinischen Bett und wird künstlich beatmet. Er ist auf den Bauch gebettet, was die Lunge entlasten und die Sauerstoffversorgung stundenweise verbessern soll. Seine Sauerstoffsättigungswerte aber sind schon lange zu schlecht und wenn Robert aufsieht, schaut er entlang einer langen Reihe solcher Betten, in denen, so scheint es, jeweils der gleiche Patient liegt. Alle liegen auf dem Bauch, alle sind mit weißen Tüchern abgedeckt, alle werden beatmet und überall fiept und blinkt es. Die Menschen unter den Tüchern sind nicht zu erkennen, auch wenn sie noch nicht ganz tot sind und manche es vielleicht doch noch irgendwie schaffen werden.

„Seine Kleider werden so leuchtend weiß, wie es keiner auf der Erde machen kann. Auf einmal sehen sie Elija und Mose bei Jesus stehen und mit ihm reden. Da sagt Petrus zu Jesus: 'Wie gut, dass wir hier sind, Lehrer. Wir wollen drei

Zelte aufschlagen, eins für dich, eins für Mose und eins für Elija.' Aber er wusste gar nicht, was er sagte, denn er und die beiden anderen waren vor Schreck ganz verstört."

Die Betten stehen in einem Lazarettzelt der Bundeswehr auf dem Flugfeld des stillgelegten Flughafens Tempelhof, eilig errichtet, um der Sars-CoV-2-Pandemie irgendetwas entgegenzusetzen. Es ist eines von fünfzig Zelten und in jedem Zelt befinden sich dreißig bis vierzig Patienten sowie deren Sanitäter und Ärzte. Rund um die großen Lazarettzelte herrscht geschäftiges Treiben. Militärfahrzeuge bringen neues Material, Rettungswagen bringen neue Patienten, Laster bringen neue Särge. Solche Stationen gibt es nun in jedem Stadtbezirk Berlins.

„Da kam eine Wolke und warf einen Schatten über sie. Eine Stimme aus der Wolke sagte: 'Dies ist mein Sohn, dem meine ganze Liebe gilt; auf ihn sollt ihr hören!' Dann aber, als sie um sich blickten, sahen sie niemand mehr, nur Jesus war noch bei ihnen."

Robert schaut auf den Monitor des Patienten und weiß, dass es nun zu Ende geht. Er steht kurz auf, stellt den Ton ab, denn er mag das Geräusch der Flatline heute nicht mehr hören. Das Fiepen und Piepen hört damit auf und nur der Rücken des Patienten unter dem weißen Tuch hebt und senkt sich unregelmäßig. Das Tuch bewegt sich, die Muskeln des Patienten zucken immer wieder. Der Sauerstoff schwindet und hinterlässt den nahenden Tod.

Eine Schwester kommt vorbei und wirft einen prüfenden Blick auf beide. Sie weiß, was jetzt kommt und ist froh, dass Robert da ist. Er war heute stundenlang in der Triage eingesetzt, auch wenn das ungern so genannt wird, und musste im Minutentakt entscheiden, welche Patienten aufgenommen, beatmet oder zum Sterben verurteilt werden müssen. Alte, Junge, Mütter, Väter; dagegen sind dieser Stuhl, dieses alte, weise Buch und dieser sterbende Patient eine friedliche Insel. Die Krankenschwester kann hier nichts mehr tun, außer Robert zuzuflüstern: „Ich brauche das Beatmungsgerät." und weiterzugehen.

„Während sie den Berg hinunterstiegen, befahl ihnen Jesus 'Sprecht mit niemand über das, was ihr gesehen habt, bis der Menschensohn vom Tod auferstanden ist.' Sie griffen dieses Wort auf und fingen an zu erörtern, was denn das heiße, vom Tod auferstehen." (Markus 9, 2-10)

Robert sieht auf dem Monitor die Flatline. Kein Herzschlag mehr; der Patient ist tot. Er steht auf und stellt das Beatmungsgerät ab. Er kramt die kleine Stableuchte zur Prüfung des Pupillenreflexes hervor, bückt sich und schaut von unten überrascht in das Gesicht einer Frau mittleren Alters. So weit war es schon mit ihm gekommen. Er saß hier, las in seiner Bibel und hatte statt des Menschen neben ihm nur ein weißes Tuch wahrgenommen, hatte gar nicht hinterfragt, wer da lag, wer das war. Es war höchste Zeit, für heute zu verschwinden.

Robert zieht das Tuch über den Kopf der Toten, greift sich die Kladde mit den Patientendaten, gibt der vorbeieilenden Schwester ein Handzeichen und trägt in den unweigerlich letzten drei Feldern ein: „19.9.20“ „22:40“ und „CoV2“. Danach baut er das Beatmungsgerät ab, rollt es ans andere Ende des Zeltes zu Schwester Lisa, die ihm nun doch noch einen kurzen, dankbaren Blick zuwirft und tritt hinaus in die dunkle Nacht.

Roberts Einsatz in Berlin endet einige Tage später. Er und seine Kameradinnen und Kameraden werden durch andere ersetzt und Robert kann sich einige Tage ausruhen. Die Menschen in den Zelten müssen jetzt ohne seine Bibel sterben. Er versucht, das Gesehene und Erlebte zu verarbeiten, aber das Grauen im Kopf bleibt. Im September 2020 meldet er sich freiwillig zu seinem nächsten Einsatz: Nach zwei Einsätzen in Afghanistan geht es für ihn nun nach Mali.

Er wird auch dort wieder Menschen leiden und sterben sehen; einige wird er retten können, viele nicht. Immer wieder wird er in diesem chaotischen Land in Situationen kommen, in denen er eigentlich gar nicht sein sollte. Aber das liegt nicht in seiner Hand. Er ist nur da zu helfen, wo es geht und so gut es geht.

Der zornige Soldat

Einer der deutschen Soldaten kniet, mit seinem G36 im Anschlag, direkt neben dem Sanitäter. Aber während dieser voll auf das kleine Mädchen fokussiert ist, starrt der Soldat aggressiv in Richtung der Taliban. Würde man zynische Wetten abschließen, welcher der Akteure am ehesten abdrücken wird, dann wäre dieser hier Kandidat „Numero Uno“, zusammen mit dem Taliban Baran.

Die Lippen sind ein zusammengepresster Strich und die Kaumuskulatur tritt angespannt hervor. Seine Adern am Hals sind dick angeschwollen. Rund um die Sonnenbrille sind die Ausläufer von Augenringen und Falten um die Augenpartie herum gut zu erkennen. Körperhaltung und Gestik schreien: „Los Du Arsch, gib mir einen Grund. Ich habe tausend Gründe und Du, Du Arsch, Du fehlst mir heute noch. Wenn nicht heute, dann beim nächsten Mal. Los, trau Dich.“ Er wirkt wie die Feder am Schlagbolzen: straff gespannt und auf den Abzug wartend. Noch hat er nicht geschossen, aber wie gesagt, wenn einer der Soldaten zuerst abdrücken würde, dann sicher er.

Unklar bleibt, warum das so ist, denn einige der Akteure scheinen ja die Situation anders zu bewerten. Es ist nicht richtig erkennbar, ob er einfach besonders fokussiert und auf seinen Auftrag konzentriert ist, einfach voll da sein will, wenn die Situation eskaliert, oder ob er selbst mit seinem Verhalten und seiner Körpersprache die Situation weiter eskalieren wird, ohne dass sein Gruppenführer das vielleicht befiehlt. Offensichtlich ist, dass von ihm eine Gefahr der Eskalation ausgeht und dass er diese auch vorantreiben würde.

Die Betrachter des Bildes sehen ihn im Wissen um die Kriegsverbrechen in Afghanistan, die im Herbst 2020 publik wurden und bei denen australische Special Forces dutzende, wehrlose Afghani getötet hatten, quasi als Initiationsritus für Neulinge im Einsatz. Zwar sind die Afghani hier auf dem Bild ganz und gar nicht wehrlos, aber unweigerlich fragen sich manche Betrachter im Saal, wie so etwas geschehen kann. Wie kann es sein, dass Soldaten so außer Kontrolle geraten können? Wie kann es sein, dass so etwas über Monate und Jahre möglich ist und geduldet, verdeckt und verschwiegen wird? Unter welchem inneren Druck mussten auch die Täter gestanden haben oder noch stehen und welche Verantwortung tragen Staaten, die ihre Bürger solchen Extremsituationen wie in Afghanistan aussetzen?

Sven „Bulgare“ Kovac

„Aus gutem, ja bestem Grund will das Grundgesetz den „Staatsbürger in Uniform“ und nicht den archaischen Kämpfer ohne Gesetz und Moral. Als Lehre aus der deutschen Geschichte verlangt die freiheitlich-demokratische Verfassung der Bundesrepublik selbstverantwortliche, aus Einsicht handelnde Soldatinnen und Soldaten, die nicht außerhalb, sondern gerade in der Gesellschaft stehen.“

Sigurd Rink
Ehem. Evangelischer Militärbischof
„Können Kriege gerecht sein?“[9]

Sven liegt auf seinem Feldbett im Container; es war wieder ein viel zu langer Tag im heißen Dreck Afghanistans.

hey süße,
guten abend;-)

Hi, mein heißer
Krieger :)))))

wie gehts dir?
was war los heut

Nix, war arbeiten
und die Kleine bei
der Oma. Bei Dir?

loift;) staub spieß
bierchen alles gut

Du fehlst mir so :(((

du mir auch
bissl muss ich schon
noch bleiben :(

bissl????
2 Monate!!!

weiß aber die hälfte
haben wir schon ;)

hallooooo?

Sorry, hab kurz
telefoniert. Ich
muss für heute
Schluss machen.
Hab Dich lieb :o

kein problem hab
dich auch lieb ;)

Sven wirft frustriert sein Smartphone zur Seite und dreht sich auf den Rücken. Verdammt, mit wem hat sie telefoniert? Um diese Zeit? Und ihn danach abserviert. Naja, hatte bestimmt auch einen stressigen Tag. Wobei, die Kleine bei der Oma – warum eigentlich mitten in der Woche? Was läuft hier für eine Scheiße?

Der Wecker klingelt, kurzes Frühstück, Patrouille bis in den Abend hinein, Staub und Sonne ohne Ende, dreckige und hungrige Kinder am Straßenrand, improvisierte Sprengsätze suchen und entschärfen, Ausschau halten, Angst vor weiteren Sprengfallen, in der Nähe werden Kameraden angesprengt, großes Chaos, Blut, Schreie, Helikopter, MedEvac der Amerikaner, Staub, Dreck und Sonne, Hitze, Wasser trinken, Kopfschmerzen, Rückfahrt durch unsicheres Gebiet, nochmal alles gutgegangen, bei den angesprengten Kameraden nicht, einer hat ein Knalltrauma, Blut aus den Ohren, Splitter im Gesicht und einer Kameradin hat es eine Hand abgerissen, der ganze Unterarm ist nur noch Matsch und blanker Knochen, wenigstens zurück ins Feldlager, Nachbesprechung und Befehle für morgen, lasst mich bloß in Ruhe, unter die Dusche, was essen und ab in den Container bis der Wecker klingelt.

hey bist du wach

:)

was war los gestern

Tut mir leid, ich
musste noch mit
Maria was
besprechen.

was denn

:)

was denn?????

:))) Ich bin schwanger und
bevor Du eifersüchtiger
Volltrottel nachfragst:
von DIR :)))))))) und
niemals einem anderen!!!
:))))))

Hallo??

Hallooooooo???? :)

Das haben wir uns
doch immer nochmal
gewünscht ;)

krasser scheiß
bist du sicher

Ja

so richtig sicher?
sicher sicher??

So sicher wie Dein Schwanz
in mir, Du Vollidiot. Ich
dachte, Du freust dich

ich freu mich
kommt nur bissl
plötzlich

Nö, dauert 9 Monate
wie immer ;) Ich freu mich
so. Wenn Du heimkommst,
kannst Du bestimmt schon
was sehen :)

Du freust Dich nicht, oder?

war ein scheißtag

Tut mir leid, aber da kann
ich doch nix dafür.

ich weiß
tut mir leid

ICH BIN SCHWANGER
DU ARSCH. FREU DICH!

ich freu mich

fick dich

Der Wecker klingelt. Anziehen, Frühstück und aufsitzen. Die Sonne brennt und der Staub macht alles noch trockener. Wenn es für jedes Staubkorn einen Cent gäbe, wäre ich ein reicher Mann. Scheiß drauf, geht los. Schwanger. Kind. Vater werden. Mist. Das ist alles so weit weg. Klar hab ich immer mal gesagt, dass ich das will, aber doch nicht so, doch nicht jetzt.

Ich war heute auf der Krankenstation und hab die beiden verwundeten Kameraden besucht. Ich wollte beiden eine Freude machen und hab dem Kameraden ein Bierchen reingeschmuggelt. Der Kameradin hatte ich was zum Haare färben mitgenommen, weil sie ihre Haare immer streng schwarz färbt und das im Feldlager manchmal schwer zu bekommen ist. Das kam nicht so gut an. Sie fing an zu weinen, weil ihr in diesem Moment bewusst wurde, dass das künftig schwierig wird, mit nur einer Hand Haare zu machen. Ich hätte ihr besser auch ein Bier mitgebracht. Wobei, Dose aufmachen mit einer Hand ist auch nicht einfach. Scheiße.

Besser wäre, die Hand wäre noch dran. Ich hab dann versucht, das Thema zu wechseln und wollte was Schönes erzählen. Ich hab ihr gesagt, dass meine Freundin schwanger ist. Das war auch nicht gut. Sie hat noch heftiger geweint und nach einigen Minuten wurde mir dann klar, dass sie meint, nun will sie keiner mehr.

„So ein Schwachsinn" hab ich gesagt, aber da hat sie schon nicht mehr zugehört. Sie meinte nur noch, ich solle mich verpissen und nicht wiederkommen. Hab ich auch gemacht. Scheiße. Bier wäre für alle von Anfang an besser gewesen.

Der kniende Taliban

Links neben der zentralen Gruppe hockt auf Seiten der Taliban ein junger Mann. Er ist Mitte oder Ende zwanzig, sehr schlank, fast hager und seine Haut ist von der Sonne Afghanistans gebräunt. Kleidung und harte Hände verraten den Bauern in ihm und es könnte gut sein, dass er aus diesem Dorf oder zumindest aus dem Tal stammt. Trotzdem befindet er sich klar erkennbar auf der Seite der afghanischen Kämpfer und reiht sich zumindest rechnerisch in deren kleinen Trupp ein. Der Mann trägt keine Schuhe. Er hat nur bei sich, was sich als Kleidung an ihm befindet, unter seinem Gewand versteckt sein könnte oder als Patrone in seinem Sturmgewehr steckt.

Die Kalaschnikow ruht im Anschlag, jedoch etwas lustlos in seiner Hand und der Finger ist nicht am Abzug. Sein Körper ist in Richtung der gegnerischen Soldaten orientiert, aber seine Augen sind auf das kleine Mädchen gerichtet und beobachten sehr interessiert, was der kniende Sanitäter tut. Er ist mehr an dem kleinen Kind interessiert, als an der ihn umgebenden Szenerie.

Er ist der Vater des Kindes und hin und her gerissen zwischen seiner kämpferischen und mitleidenden Rolle.

Wäre das Bild keine Fotografie, sondern eine Filmsequenz, wäre sichtbar geworden, wie dieser Mann gerade eben auf das Mädchen und die deutschen Soldaten zu rannte. Fast hätten sie ihn erschossen, dann aber sehr rasch gesehen, dass sein Blick nicht auf ihnen lag, sondern panisch auf dem verletzten Kind. Seine Hände gingen ohne Waffe hoch und die Kalaschnikow baumelte am Riemen. Wenn den Soldaten gewahr gewesen wäre, dass zwei weitere Taliban in der Nähe waren, hätten sie sich mit Sicherheit anders entscheiden müssen.

Nun kniet dieser junge Mann in der Nähe seines blutenden Kindes und seiner Frau und fühlt sich überwältigt von Angst, Zorn, Hilflosigkeit und Schuldgefühlen.

Navid, Anarams Vater

„Gott hat gesagt: Dem, der Gutes tut, vergelte ich es zehnfältig und mehr; wer Böses tut, den trifft Vergeltung, wenn ich ihm nicht vergebe; und wer sich mir eine Spanne nähern will, dem komme ich zwölf Ellen entgegen; wer im Schritt zu mir kommt, zu dem laufe ich; und wer voll Sünde, aber gläubig vor mir erscheint, vor dem erscheine ich, bereit, ihm zu vergeben."

Mohammed[10]

Zwei Männer sitzen im Schatten einer Lehmwand.

Navid, wir können uns nicht gegen die Brüder stellen. Wir müssen sie unterstützen in ihrem Kampf gegen die Ungläubigen.

Ich stelle mich nicht gegen sie. Ich will nur nicht den Krieg in unser Dorf tragen.

Der Krieg ist schon lange hier und es ist nicht Deine Entscheidung, Navid. Du wirst gehen, Dich bei Aziz melden und tun was er sagt. Weder Du noch ich können daran etwas ändern.

Selbstverständlich, Ältester, aber es ist nicht gut für unser Dorf. Die Taliban spielen ihr eigenes Spiel und wir locken doch nur die fremden Soldaten an, wenn wir hier gegen sie kämpfen.

Ich weiß, mein Sohn. Aber all das liegt in Allahs Hand. Jeder spielt sein eigenes Spiel. Du spielst das Spiel für Deine Familie und Dein Dorf. Ich spiele es für unser Dorf und unser Tal. Die Krieger Allahs spielen es für unser Tal und Allah. Aber all das ist nicht entscheidend, mein Sohn. Entscheidend ist nur Allahs Wille und siehe, mit wie wenig Waffen und Geld wir hier Erfolg haben. Wir haben keine Flugzeuge, wir haben keine Panzer, wir haben keine Kanonen, sondern nur alte Gewehre und warum, mein Sohn, kämpfen wir noch? Weil uns die Ungläubigen noch nicht besiegt haben. Und warum haben sie uns nicht besiegt? Weil wir die Söhne Allahs sind.

Verzeih, mein alter, weiser Freund. Ich weiß das alles, und trotzdem sterben unsere Kinder an Minen und Krankheiten, unsere Frauen im Kindbett und unsere Brüder und Vettern im Kampf. Gibt es denn keinen Weg aus diesem Sterben? Irgendwer muss doch einen Anfang machen und muss aufhören zu töten. Wir könnten aufhören zu töten, mit Allahs Hilfe.

Sei achtsam mein Sohn, dass Du solche Reden nicht zur falschen Zeit am falschen Ort hältst. Unsere

Brüder im Kampf könnten denken, dass Du nun nicht mehr in unserem heiligen Krieg mitkämpfst. Sie könnten glauben, dass Navid sich mehr um sich und die Seinen sorgt als um unser geheiligtes Anliegen.

Ist es denn gerecht, wenn seit Jahren der Krieg durch unser Land tobt? Ist es gerecht, dass ihn die Fremden hier bei uns führen? Ist es gerecht, dass die Brüder gehen, wenn sie hier nichts ausrichten können und kommen, wenn sie sich stark fühlen? Das soll der Wille Allahs sein?

Ja und nein, mein Sohn. All das ist sicher nicht gerecht, auch und gerade nicht vor Allah. Aber Allah hat uns dieses Tal gegeben, er gibt Dein Leben und das Deiner Frau und Deiner Kinder. Und ja, er nimmt diese Leben auch wieder. Allah ist gerecht.

Aber wie sollen wir in dieser Welt denn leben? Ich hatte drei Kinder und nun nur noch eines. Und nein, ich werde nicht zulassen, dass auch Anaram etwas zustößt! Ich bin doch für meine Familie verantwortlich. Ich muss sie beschützen. Sie haben doch niemanden sonst.

Wie gesagt mein Sohn: Jeder spielt sein Spiel.

Es fühlt sich nicht an wie ein Spiel. Bei einem Spiel hätten wir Regeln und gleiche Chancen. Wir hier haben aber nichts davon. Die Ungläubigen haben alles und wir nichts. Die Kämpfer Allahs nehmen sich alles, was sie brauchen und was davon übrig ist, bleibt uns. Nichts!

Nein mein Sohn. Wir leben hier in unserem Dorf. Wir atmen und sitzen gemeinsam im Schatten und hören einen Vogel singen. Wir sehen, wie die Granatäpfel reifen und bald werden sie süß sein. Deine Frau ist daheim und wartet mit Eurer Tochter und Essen auf Dich. Wenn Du nicht trübsinnig bist, wird sie Dir weitere Kinder schenken. Meinst Du, das sei Nichts? Meinst Du, unsere Väter hatten mehr?

Aber das Leben könnte so viel schöner sein, wenn es nur etwas mehr Frieden und Wohlstand gäbe.

Und genau darum wirst Du tun, was ich dir sage. Du gehst zu Aziz und tust, was immer er befiehlt. Er kennt das Tal und unser Dorf wie kein anderer. Er ist ein weiser Krieger und einer der Unsrigen. Ihm zu dienen heißt, Allah und Deinem Tal zu dienen. Magst Du noch etwas Tee, mein Sohn?

Ja, danke. Allah sei mit Dir.

Das verletzte Kind

Der betrachtende Blick ist bisher an den Bildrändern der Fotografie hängen geblieben. Er fiel auf die Gesichter und die Waffen der Soldaten, die verzweifelte Mutter und auch den engagierten Sanitäter. Nur langsam und mit innerem Widerstand arbeitet sich die Aufmerksamkeit in das Kraftzentrum des Bildes vor. Natürlich erfasst das Auge des Betrachters die Gesamtsituation schon vorher und nimmt auch wahr, dass in der Bildmitte ein mit Blut bespritztes Kind im Staub liegt. Sich darauf zu fokussieren, fällt jedoch schwer.

Die Komposition des Bildes zwingt den Blick jedoch förmlich auf diesen schmerzhaften Punkt in der Mitte. Wahrscheinlich ist das auch einer der Gründe, warum genau dieses Bild von der Jury als Preisträger ausgewählt wurde: Seine kompromisslose Klarheit, komplexe Darstellung und gleichzeitige Einfachheit machen den Betrachter zunächst sprachlos. Denn da liegt ein Kind verletzt am Boden und sechs Bewaffnete bedrohen sich gegenseitig, damit eine junge Mutter und ein Arzt sich um dieses Kind kümmern können. Dieses Kind in der Mitte liegt da nicht als verletzliches Etwas, es ist verletzt. Ein Granatsplitter hat es am Hals getroffen und das Kind schien schnell zu verbluten. Die Blutung wurde gestoppt, trotzdem ist noch lange nicht klar, ob das Kind überleben wird.

Je länger der Blick auf dem Kind haftet, desto mehr Fragen türmen sich nach dem Danach auf: Das Kind muss weiter versorgt werden; wer soll das machen? Wird der Sanitäter der Mutter eine Infusion und etwas Antibiotikum in die Hand drücken und sich dann hinter seine Kameraden zurückziehen?

Werden die Taliban gerührt ihre Waffen senken? Wird der Vater des Kindes, der offenbar selbst auf Seite der Taliban steht, auf seine Kämpfer einreden und sie um Rückzug aus der Situation anflehen? Werden die deutschen Soldaten ihre Waffen senken? Wird für eine der Seiten Verstärkung kommen? Wird das Kind seine Augen wieder aufschlagen? Wird es den Tag und die kommende Nacht, die kommende Woche überstehen? All das gibt das Bild nicht preis. Es zeigt nur, dass sechs erschöpfte Gegner zweier Konfliktparteien im Angesicht der Situation nicht aufeinander schießen, eine Mutter um ihr Kind bangt und ein Arzt um dessen Leben ringt, während das Kind durch seine einfache Anwesenheit eine für alle Beteiligten sehr gefährliche Situation zum Stillstand gebracht hat.

Der Blick ruht nun auf diesem Kind und der Betrachter hat das Gefühl, dass das Kind in dieser konfrontativen Situation ein Ruhepol ist, Licht und Wärme ausstrahlt. Es ist ein kleines Kind und ein großes Wunder.

Anaram, Endloses Licht

„Es war, als ob ich einen Schmetterling dabei beobachte, wie er sich entfaltet. Man darf ihm dabei nur zusehen, muss ihn in Ruhe lassen, darf ihn nicht anfassen. Fasst man ihn an, gehen seine zarten empfindlichen Flügel kaputt, und er wird nie fliegen können."

Heike Groos
„Ein schöner Tag zum Sterben"[11]

Anaram wird in eine Welt geboren, die wir beschreiben würden als aus Staub, Monotonie, Armut und großer Abgeschiedenheit bestehend. Sie selbst würde vermutlich sagen: Heimat, Geborgenheit und Familie.

Dieses Tal, dass sie zeitlebens ihre Heimat nennen wird, bietet einigen tausend Afghani ein sehr bescheidenes Auskommen. Kleine Dörfer fädeln sich entlang eines schmalen Flusslaufes im Abstand von einigen Kilometern auf, wie an einer spärlich bestückten Perlenschnur. Es gibt keine Verbindungsstraße, sondern nur einige Pfade, die mit Eseln oder zu Fuß passierbar sind. Nur die ersten beiden Dörfer sind über einen breiteren Weg mit der Außenwelt verbunden und nur diese beiden Dörfer werden ab und an von fremden Soldaten kontrolliert. Weiter hinten in das Tal hat sich schon lange kein

Fremder mehr gewagt und erst recht kein ausländischer Soldat. Da gäbe es auch nichts zu finden; da wohnen nur arme Familien mit einigen Ziegen in kargen Hütten. Umso atemberaubender ist die Landschaft. Das Sonnenlicht entfaltet hier morgens und abends einen ganz eigenen Zauber und wenn Sommer ist, glänzt die untergehende Sonne besonders golden zwischen den Bergen. Die Hänge des Tals sind manchmal schroff und abweisend und an einigen Stellen rund und lieblich anzusehen. Die Hügel sind zum Greifen nah, besonders in der klaren Luft des Winters. Wenn die Ziegenhirten an diesen Hügeln aufsteigen, sind sie viele Stunden unterwegs.

Abgeschiedenheit und Armut sind der beste Schutz für die Bewohner des Tals; oder wie die Großmutter und Mutter immer sagen: „Wir haben alles, von außen kommt nichts Gutes." In positiver Abwandlung sagen sie auch manchmal, aber wirklich nur manchmal: „Alles Gute machen wir selbst". Anders reden sie, wenn Männer anwesend sind. Dann spielt Allah eine größere Rolle und das Mindeste ist dann, dass eine Huldigung an seinen Namen an ihre Sinnsprüche angehängt wird. Anaram lernt auch schnell, dass es zwei Arten von Sinnsprüchen ihrer Mutter und Großmutter gibt: Solche, die Männer auch zu hören bekommen und solche, an deren Ende niemals Allah gehuldigt werden kann. Aber so war es immer gewesen und so wird es immer sein; oder wie die Männer sagen: „Jeder Krieger bekommt seinen Krieg."

So ist über die Jahre ein fein abgestimmtes Gleichgewicht zwischen der männlichen und weiblichen Welt in diesem Tal entstanden. Es ist nicht besonders gerecht und auch nicht besonders fortschrittlich, aber alle haben sich damit arrangiert, gewollt oder ungewollt. Die Kinder fügen sich in diese kleine Welt, die die Eltern vorleben und solange sie einigermaßen überleben und ihr kleines Glück finden können, gibt es keinen Grund für Veränderung. Wie gesagt: Staub, Monotonie, Armut und große Abgeschiedenheit; und vielleicht auch die Religion. Aber zumindest bei den Frauen des Tals entwickeln sich Zweifel, inwiefern dieser Allah wirklich auch auf ihrer Seite steht. So gibt es immer öfter Differenzen zwischen den Männern und den Frauen. Zwischen denen, die in der Gemeinschaft der Männer Entscheidungen fällen und denen, die diese hinnehmen und mittragen müssen, ob sie damit nun einverstanden sind oder nicht. Dadurch vertiefen sich die Spannungen in der dörflichen Gemeinschaft und führen zu harten Konflikten und drakonischen Entscheidungen.

Die Anwesenheit der Taliban sorgt immer wieder für Verdruss. Auch sie wollen versorgt werden, bringen Unruhe in die Familien und lenken die Aufmerksamkeit anderer Mächte auf die jeweiligen Dörfer, die gerade strategisch wichtig erscheinen. Mit Anarams Geburt verändert sich jedoch für die Familie alles und sie bringt durch ihre bloße Anwesenheit für ihre Eltern und das Dorf die Sonne, das Lebendige, etwas inneren Frieden und damit verbundene Zuversicht mit sich. Niemand könnte im

Nachhinein sagen, wie dies alles zusammenhängt, aber ihre Eltern entschieden sich direkt nach der Geburt für den Namen „Anaram“, der so viel bedeutet wie „Endloses Licht“. Vielleicht war es der Wunsch, dass alles besser wird und natürlich auch das Ansinnen, ihrem Kind schon mit dem Namen etwas Positives mitzugeben. Aber dass sie mit der Wahl des Namens das Wesen ihres Kindes in Gänze und für ein volles menschliches Leben erfassen und vorherbestimmten, war ihnen vermutlich nicht bewusst. Aber genau so war es. Vom ersten Atemzug an und mit dem ersten Augenaufschlag war Anaram der Inbegriff des Glücks für ihre Umgebung. Wenigen Menschen ist das gegeben, aber Anaram ist ein solcher Mensch. Unabhängig von ihrem Alter und ihrem Aussehen, ihrem Bildungsstand und ihrer Kleidung; unabhängig von ihrer Herkunft und Religion, ist Anaram ein Wesen aus Licht und Wärme. Sie macht die Augen auf und die Welt ist gut. Sie macht den Mund auf und verströmt Güte. Sie ist anwesend und spendet Trost. Es wäre dabei völlig unerheblich, wie alt sie ist. Anaram könnte als Kleinkind, junge Frau oder Greisin angetroffen werden und immer würden ihre Mitmenschen sie als jemanden beschreiben, der Glück und Wärme ausstrahlt. Dabei wird Anaram, soviel ist gewiss, kein einfaches Leben haben und besonders lang wird es unter Umständen auch nicht sein. Aber das wissen wir alles noch nicht. Wir wissen nur, dass es bisher kein Lebensumstand vermocht hat, Anarams Licht zu brechen.

Anaram hatte zwei kleine Geschwister, die beide schon gestorben sind; ihr Bruder bereits kurz nach der Geburt und ihre kleine Schwester vor einigen Monaten durch eine Landmine. Natürlich war Anaram unendlich traurig und betrübt, aber selbst in diesem Unglück spendete sie ihren Eltern Trost und war voller Liebe. Sie zog sich etwas zurück, aber auch das wirkte auf ihre Mitmenschen nicht störrisch, sondern eher anmutig und angemessen. Aber diese Zeit liegt zum Glück schon etwas zurück und die letzten Monate waren für das Tal eine gute Zeit gewesen. Die Ernte versprach, gut zu werden, die Ziegen fanden genügend Gras. Die Taliban hatten sich in andere Landstriche zurückgezogen, nachdem die fremden Soldaten wieder öfter in das Tal gekommen waren und in mehreren Gefechten Entschlossenheit gezeigt hatten. Die Soldaten waren sogar einige Nächte lang in der Nähe des Dorfes geblieben, was sie früher nie gemacht hatten. So war tatsächlich so etwas wie ein Freiraum entstanden für die Dorfbevölkerung, der von den Männern sehr zögerlich und von den Frauen sehr dankbar angenommen wurde.

Am Morgen hatte Anaram Wasser vom nahen Fluss geholt, als um sie herum plötzlich eine Schießerei losging. Eilig lief sie mit dem Wassereimer in Richtung des Hofes und war froh, dass die Schüsse sich entfernten, als plötzlich direkt neben ihr etwas explodierte.

Nun liegt Anaram im Staub der Straße. Eben war es noch dunkel, doch jetzt kommt sie zu sich. Ihr Hals schmerzt fürchterlich, sie hat das Gefühl auszulaufen und um sie herum stehen viele Fremde, aber ihr Vater Navid und Mutter sind auch da. Anaram denkt an ihre kleine Schwester, die vor einigen Monaten draußen auf dem Feld verblutet ist, nachdem ihr eine Landmine beim Spielen ein Bein abgerissen hatte. Sie war bei ihr gewesen und hatte sie die ganze Zeit im Arm gehalten.

Zuerst war ihre Schwester panisch gewesen und vom Schmerz überwältigt. Aber dann hatte sie bemerkt, dass ihre Schwester immer schwächer, ruhiger und friedlicher wurde, bis sie ganz still war. So ruhig und friedlich würde sie sich jetzt auch gern fühlen, aber die fremden Soldaten um sie herum bereiten ihr Angst und zwei Taliban sind plötzlich auch dabei. Sie schließt die Augen und versucht, an etwas Schönes zu denken, versucht, sich im Geiste der Situation zu entziehen. „ANARAM!" ruft ihre Mutter „ANARAM!" und zerrt an ihr. Fremde Hände betasten ihre schmerzhaft pulsierende Wunde, schnell und sicher, ohne Zögern. Unverständliche, aber ruhige Worte dringen an ihr Ohr, die sie nicht als solche, sondern nur als warmes und freundliches Gefühl von der Ferne her wahrnimmt. Die fremden Laute vermitteln Ruhe und Geborgenheit.

Aber ihr Hals scheint vor Schmerz explodieren zu wollen. „ANARAM!!" schreit ihre verzweifelte Mutter und Anaram würde sie gern trösten … alles wird gut Mama …, kann aber nicht. Da sind wieder diese fremden Hände, von denen nun viel Schmerz an ihrem Hals ausgeht, bei denen sie aber auch bemerkt, dass sie den Schmerz verändern und lenken können. Das Gefühl auszulaufen wird weniger und der Schmerz auch. Oder wird er mehr? „ANARAM!!!“ Sie hält jetzt die Augen geschlossen und konzentriert sich auf den Schmerz und das Gefühl des Auslaufens. Sie fühlt den Druck und ihre Hände und Füße werden kalt. Der Schmerz ist immer noch da, das Gefühl des Auslaufens nicht mehr. Aber der Schmerz bleibt mächtig und erdrückend. „Anaram“, dann wird es wieder dunkel um sie.

Der Heimweg

Die Preisverleihung ist beendet. Es wurde geklatscht, verschämt Tränen weggewischt, nachdenklich geschaut, gegessen und getrunken. Die Gäste versichern sich in Gesprächen danach ihrer Gutartigkeit und auf der richtigen, der menschlichen Seite zu stehen.

Die ausgezeichneten Bilder – allen voran natürlich das Siegerbild – dokumentieren ja ganz eindrücklich, dass in anderen Gebieten der Erde Ungerechtigkeit herrscht und andere Nationen weniger erfolgreich agieren und wie es trotzdem gelingt, immer wieder Zeichen der Hoffnung zu finden.

Die Gäste verabschieden sich schließlich nach und nach und holen ihre teuren Jacken und Mäntel aus der Garderobe. Sie fahren heim im neuen Auto; zurück in ihr eigenes Haus und zu ihren Lieben. Sie freuen sich auf das Frühstück morgen mit Freunden im Garten und auf die Radtour übers Land am Wochenende.

Niemand wird es ihnen vergönnen; aber manchmal stellt sich die Frage, welcher Preis dafür an anderer Stelle gezahlt wird.

Epilog

Der inzwischen zum Leutnant beförderte Mathias „Cluster“ Kaufmann sitzt in Uniform an einem Küchentisch in Niederbayern. Durchs offenstehende Fenster dringen Vogelgezwitscher und Mittagswärme. Im Flur steht der bunte Ranzen eines Erstklässlers, dessen stolzer Träger heute wieder einmal bei seinen Großeltern ist.

Die Witwe des Scharfschützen von Höhe 157 sitzt Leutnant Kaufmann gegenüber. Sie knetet in ihren Händen ein zerzaustes und feuchtes Papiertaschentuch, während die Militärseelsorgerin leise mit ihr spricht. Sie haben den halben Vormittag über den gefallenen Kameraden, Ehemann und Vater gesprochen. Sie haben gemeinsam über seinen Tod geweint und über kleine Anekdoten geschmunzelt.

Schließlich gehen Leutnant Kaufmann dann doch die Worte aus und so schließt er seine Erzählung über Afghanistan mit den Worten: „Er ist für seine Kameraden gefallen und er hat bis zum Schluss tapfer gekämpft; bis zur letzten Patrone und bis zum letzten Blutstropfen.“

Diese Worte kommen bei der Witwe nur als heroisch gestanzte Phrasen an; sie schluchzt trotzdem nochmal weinend auf und die Militärseelsorgerin wirft ihm einen unglücklichen Blick zu. Sie hätte das gern anders formuliert gehört, aber so ist es gewesen. Sie waren beide damals nicht dabei und können nicht verstehen, wie sich die Soldaten auf Höhe 157 gefühlt haben. Sie wissen nicht, wie es ist, wenn auf dich geschossen wird, wenn neben dir Kameraden getroffen werden, stundenlang vor Schmerzen schreien und wimmern und du dir wünschst, sie würden das nicht tun. Schließlich wird das Schreien und Wimmern leiser und du wünschst dir, es wäre jetzt wieder lauter und langsam wird die Munition knapp. Das würden sie auch nicht hören wollen. Leutnant Kaufmann kann darum nichts anderes sagen, über diese Nacht in Afghanistan.

Im Jahr 2023 finden, mit einem Jahr Verzögerung, in Düsseldorf die Invictus Games statt. Unter den 100-Meter-Sprinterinnen wird eine junge Soldatin mit raspelkurzen Haaren sein, der eine Hand und der halbe Unterarm fehlen. Es wird sie nicht daran hindern, die Schnellste zu sein.

Zur gleichen Zeit sitzt ein alter Mann auf einem kahlen Hügel in der Abendsonne Afghanistans und blickt über sein weites Tal. Es wird nun wieder mehr Mohn angebaut und er freut sich nicht darüber, denn das wird neuen Ärger bringen, auch wenn die Ungläubigen sich inzwischen nicht mehr blicken lassen. Er schaut zurück auf sein langes und kriegerisches Leben. Nun ist Aziz zu alt zum Kämpfen und dankt Allah für sein Leben und hat endlich etwas Ruhe.

Robert „Moses“ Voigt steht an einem Operationstisch in Mali. Er versorgt gerade einen Kameraden, der bei einer Patrouille von einem Querschläger am Knie getroffen wurde. Robert denkt oft an Jenny, an ihr dramatisches Kennenlernen und ihre gemeinsame Geschichte. Viel zu kurz und unvollendet ist sie und ihm bleibt nichts, außer einmal im Jahr mit seinem alten Freund Dirk daheim auf einen bestimmten Felsen zu klettern.

In einem kleinen Reihenhaus in Niedersachsen gibt es einen handfesten Streit zwischen zwei frisch Vermählten. Ihre beiden Kinder werden wach und fangen wieder an zu weinen. Die Ehe wird nicht mehr lange halten und Sven, der „Bulgare“, wird sich freiwillig für einen weiteren Einsatz melden. Keule wird nicht wieder dabei sein, er bewacht jetzt nur noch ein Einkaufszentrum in Pulsnitz.

In einem einstöckigen und unverputzten Haus am Rande einer Stadt in Pakistan sitzt ein kleines Mädchen, lächelt vor sich hin und beugt sich mit einem frisch gespitzten Bleistift über ein Blatt Papier.

Ihr Vater ist noch in der Stadt auf Arbeitssuche. Ihre schwangere Mutter sitzt derweil neben ihr an der Nähmaschine und fertigt in Heimarbeit dunkle Hosen und bunte Beutel, die sie morgen auf dem Markt verkauft, während die kleine Anaram in der Schule ist.

Auch Anaram soll einen solchen Beutel bekommen, in dem sie ihre Stifte und etwas Schreibpapier zur Schule mitnehmen kann. „Komm Anaram, such Dir die Farben für Deinen Beutel aus. Welche Stoffe soll ich nehmen?" fragt Amira und Anaram antwortet: „Meine Lieblingsfarben, Mama. Blau wie der Himmel und golden wie die Sonne."

Auf dem Blatt Papier des lächelnden Mädchens verbinden sich die Buchstaben derweil zu einem Wort. „Das machst Du fein, mein Schatz, was hast Du da geschrieben?" fragt Amira ihre Tochter. Anaram lacht sie nun an und sagt glücklich: „Deinen Namen, Mama."

Nachwort

Dieses Buch ist in den Jahren 2020 und 2021 entstanden, in denen die Bundeswehr schließlich ganz aus Afghanistan abzog und wir Menschen weltweit von einem Virus heimgesucht wurden, das wir Sars-CoV-2 nennen. Dieses Virus erinnert uns in kristallklarer Härte und biologischer Effizienz daran, dass wir neben all unserer Lebendigkeit, unserer Fehlerhaftigkeit und unserer Menschlichkeit vor allem Eines sind: In Sterblichkeit verbunden.

Zu Beginn unseres Kennenlernens hast Du mich mal gefragt, ob ich Angst um Dich hätte, wenn Du als Offizierin in einen Einsatz gehen würdest. Ich weiß nicht mehr genau, was ich damals geantwortet habe, aber nach dem Schreiben dieses Buches lautet meine Antwort:

Ja, jede Sekunde hätte ich Angst um Dich. Aber jede Minute wäre ich auch stolz auf Dich und zu jeder Stunde hätte ich großen Respekt.

Danksagung

Mein größter Dank geht an Kerstin, die mich zu diesem Text inspiriert hat und mir ab und an in dieser verrückten Welt zur inneren Führung ihren moralischen Kompass leiht.

Besonderer Dank geht an Catherina vom „Café Viereck“ in Berlin für ihre mitreißende Begeisterung. Dank auch für die ermutigenden Spendenaktionen für ihre Kameradinnen, Kameraden und Veteranen der Bundeswehr sowie für deren Angehörige.

Herzlich bedanken möchte ich mich bei allen, die mich bestärkt und zur Realisierung dieses Buches beigetragen haben; zu allererst natürlich bei Carola Hartmann vom Miles-Verlag.

Stefan Brux

Abkürzungen und Begriffe

AK47: Automat Kalaschnikow 1947, Sturmgewehr sowjetisch-russischer Herkunft

AP: Associated Press, eine Nachrichten- und Presseagentur

Cov2: Fiktives Kürzel für Sars-Cov-2 (siehe nächste Seite)

Doorgunner: Bordschütze, der z.B. zur Eigensicherung an der offenen Tür oder Heckklappe eines Helikopters befestigte Waffen bedient.

G36: Sturmgewehr der Bundeswehr,
Hersteller Heckler & Koch

Invictus Games: Paralympischer Wettbewerb für kriegsversehrte Soldaten, invictus (lat.): unbesiegt, unbezwungen

ISAF: International Security Assistance Force, Sicherheits- und Wiederaufbaumission in Afghanistan unter NATO-Führung, 2001-2014

MedEvac: *Medical Evacuation* (engl.) Medizinische Evakuierung, Abtransport verletzter Personen, hier von verwundeten Soldaten, wobei MedEvac auch

die durchführenden Organisationsstrukturen meint.
OP: Operation; im medizinischen Zusammenhang

Resolute-Support-Patch: Aufnäher, hier mit Klettverschluss zur Befestigung an einer Uniform, der sich auf den Einsatz Resolute Support (RS) der Bundeswehr (2015-2021 unter NATO-Führung) bezieht.

Sars-CoV-2: Abkürzung der offiziellen, internationalen Bezeichnung severe acute respiratory syndrome coronavirus typ 2, umgangssprachlich "Coronavirus".

Weißhelme: Private Rettungs- und Zivilschutzorganisation in Syrien, die 2016 den Right Livelihood Award verliehen bekam.

Quellen

[1] Gerhard Gundermann, Lied „Die Zukunft“, Album „Krams - das letzte Konzert“, BuschFunk Musikverlag, Berlin 1998

[2] Alan Walker, Lied Diamond Heart“, Album ”Different World“, MER under exclusive licence to Sony Music Entertainment Sweden AB, 2018

[3] Paulo Coelho, Der Alchimist, Diogenes Verlag AG Zürich 1996

[4] Generalmajor a. D. der Bundeswehr Christian Trull; Rede anlässlich der Übergabe der 14. Panzergrenadierdivision "Hanse" (2004 stellvertretender Kommandeur der International Security Assistance Force ISAF, Afghanistan), Januar 2005

[5, 6] Khaled Hosseini, Tausend strahlende Sonnen, Fischer Taschenbuch, Berlin 2014

[7] Marcel Bohnert & Björn Schreiber (Hrsg.), Die unsichtbaren Veteranen, Bericht von Tanja Malz, Miles-Verlag, Berlin 2016

[8] Aus nicht veröffentlichten Aufzeichnungen, vermutlich um 1931, meines Großvaters Paul Rath (Oberleutnant im 2. Weltkrieg, 6. A.R. 231, Einheit Nachschub-Bataillon 2/294) aus Sonneberg/ Thüringen zum 1. Weltkrieg (geboren 14.08.1899 in Krefeld, gestorben am 11.10.1944 auf einem Ge-

fangenentransport von Rumänien nach Russland); in der Überlieferung schwankt der Name des erwähnten Arztes zwischen Dr. Elan und Dr. Elkan.

[9] Sigurd Rink, Können Kriege gerecht sein?, Ullstein Buchverlage GmbH, Berlin 2019

[10] Christian Leven (Hrsg.), Worte für die Seele, Verlag Herder, Freiburg im Breisgau 2001

[11] Heike Groos, Ein schöner Tag zum Sterben - Als Bundeswehrärztin in Afghanistan, S. Fischer Verlag GmbH, Frankfurt am Main 2009

Carola Hartmann Miles-Verlag

Einsatzerfahrungen

Sascha Brinkmann und Joachim Hoppe (Hrsg.), *Generation Einsatz. Fallschirmjäger berichten ihre Erfahrungen aus Afghanistan, Berlin 2010.*

Artur Schwitalla, *Afghanistan, jetzt weiß ich erst… Gedanken aus meiner Zeit als Kommandeur des Provincial Reconstruction Team FEYZABAD*, Berlin 2010.

Rainer Buske, *KUNDUZ. Ein Erlebnisbericht über einen militärischen Einsatz der Bundeswehr in AFGHANISTAN im Jahre 2008*, Berlin ²2016.

Militär und Gesellschaft

Hans-Christian Beck, Christian Singer (Hrsg.), *Entscheiden – Führen – Verantworten. Soldatsein im 21. Jahrhundert*, Berlin 2011.

Marcel Bohnert, Lukas J. Reitstetter (Hrsg.), *Armee im Aufbruch. Zur Gedankenwelt junger Offiziere in den Kampftruppen der Bundeswehr*, Berlin 2014.

Phil C. Langer, Gerhard Kümmel (Hrsg.), *„Wir sind Bundeswehr." Wie viel Vielfalt benötigen/vertragen die Streitkräfte?*, Berlin 2015.

Alois Bach, Walter Sauer (Hrsg.), *Schützen.Retten.Kämpfen. Dienen für Deutschland*, Berlin 2016.

Marcel Bohnert, Björn Schreiber (Hrsg.), *Die unsichtbaren Veteranen. Kriegsheimkehrer in der deutschen Gesellschaft*, Berlin 2016.

Angelika Dörfler-Dierken (Hrsg.), *Hinschauen! Geschlecht, Rechtspopulismus, Rituale: Systemische Probleme oder individuelles Fehlverhalten?*, Berlin 2019.

Sicherheitspolitik

Oliver Schmidt, *Deutsche Außenpolitik und die Zukunft der nuklearen Teilhabe in der NATO*, Berlin 2017.

Markus Reisner, *Robotic Wars – Legitimatorische Grundlagen und Grenzen des Einsatzes von Military Unmanned Systems in modernen Konfliktszenarien*, Berlin 2018.

Pascal Riemer, *Von der russischen Kriegskunst. Eine Untersuchung der dialektischen Zusammenhänge von Staatsidee und Militärwesen am Beispiel der Sowjetunion und der Russischen Föderation*, Berlin 2021.

Georg Kunovjanek, *Cyber – Die Domäne der vernetzten Unsicherheit. Eine kritische interdisziplinäre Analyse des Krieges der Zukunft und seiner normativen Grundlagen*, Berlin 2021.

Joachim Weber (Hrsg.), *Konfliktraum Arktis. Die Großmächte und der Hohe Norden*, Berlin 2021.

Thomas Jäger, Ralph Thiele, *Der politische Islamismus als hybrider Akteur globaler Reichweite. Die liberale demokratische Ordnung muss ihre Resilienz stärken.* Berlin 2021.

Uwe Hartmann, *Die Nato. Mächte und Menschen in der transatlantischen Allianz*, Berlin 2021.

Standpunkte und Orientierungen

Uwe Hartmann, *Hybrider Krieg als neue Bedrohung von Freiheit und Frieden. Zur Relevanz der Inneren Führung in Politik, Gesellschaft und Streitkräften*, Berlin 2015.

Martin Sebaldt, *Nicht abwehrbereit. Die Kardinalprobleme der deutschen Streitkräfte, der Offenbarungseid des Weißbuchs und die Wege aus der Gefahr,* Berlin 2017.

Christian J. Grothaus, *Der „hybride Krieg" vor dem Hintergrund der kollektiven Gedächtnisse Estlands, Lettlands und Litauens,* Berlin 2017.

Uwe Hartmann, *Der gute Soldat. Politische Kultur und soldatisches Selbstverständnis heute,* Berlin 2018.

Helmut Jermer, *Innere Führung kompakt. Eine Zusammenschau als Lehr- und Lernhilfe,* Berlin 2019.

Martin Sebaldt, *Das Elend der Strategen. Warum die deutsche Militärpolitik versagt,* Berlin 2020.

Militärgeschichte

Eberhard Kliem, Kathrin Orth, *"Wir wurden wie blödsinnig vom Feind beschossen". Menschen und Schiffe in der Skagerrakschlacht 1916,* Berlin 2016.

Ingo Pfeiffer, *Gegner wider Willen. Konfrontation von Volksmarine und Bundesmarine auf See,* Berlin 2012.

Georg Neuhaus, *Am Anfang war ein Speer. Eine Chronographie der Kriegs- und Militärtechnologien,* Berlin 2018.

Hans-Werner Ahrens, *Die Transportflieger der Luftwaffe 1956 bis 1971. Konzeption – Aufbau – Einsatz,* Berlin 2019.

Eberhard Frhr. v. Senden, Friedrich Frhr. v. Senden, *Der Erste Weltkrieg 1914–1918. Erlebnisse eines jungen Leutnants,* Berlin 2020.

Ingo Pfeiffer, *Do swidanija GermanijaStationierung – Abzug – Hinterlassenschaften Westgruppe der Truppen,* Berlin 2021.

Harald Fritz Potempa, *Balkan 1914–1945. Raum und Kleiner Krieg als militärhistorische Kategorien in der Wahrnehmung deutscher Streitkräfte,* Berlin 2021.

Jörg Beining, *Streng geheim! – Elektronische Kampfführung im Kalten Krieg. Die EloKa der Bundeswehr und NATO aus östlicher Perspektive,* Berlin 2021.

Hans-Günter Behrendt, *Flugabwehr in Deutschland. Stationierungsorte und Systeme 1956-2012,* Berlin 2021.

Gerd Bolik, *NATO-Planungen für die Verteidigung der Bundesrepublik Deutschland im Kalten Krieg,* Berlin 2021.

Schriften zur Tradition

Eberhard Birk, Winfried Heinemann, Sven Lange (Hrsg.), *Tradition für die Bundeswehr. Neue Aspekte einer alten Debatte,* Berlin 2012.

Donald Abenheim, Uwe Hartmann (Hrsg.), *Tradition in der Bundeswehr. Zum Erbe des deutschen Soldaten und zur Umsetzung des neuen Traditionserlasses,* Berlin 2018.

Joachim Welz, *Vom Kontingentsheer zum Reichsheer: Militärkonventionen als Motor der Wehrverfassung,* Berlin 2018.

Donald Abenheim, Uwe Hartmann, *Einführung in die Tradition der Bundeswehr. Das soldatische Erbe in dem besten Deutschland, das es je gab,* Berlin 2019.

Eberhard Birk, Heiner Möllers (Hrsg.), *Die Luftwaffe und ihre Traditionen (aus der Reihe Schriften zur Geschichte der Deutschen Luftwaffe, Band 10),* Berlin 2019.

Hans-Günter Behrendt (Hrsg.): *Erinnerungsorte der Bundeswehr – Personen, Ereignisse und Institutionen der soldatischen Traditionspflege*, Berlin 2020.

Dirk Drews, Stefan Gruhl (Hrsg.): *Oberst Reinhard Hauschild 1921–2005. Traditionsstifter für die Bundeswehr? Gedenkschrift zum 100. Geburtstag*, Berlin 2021.

Jahrbuch Innere Führung (seit 2009)

Uwe Hartmann, Claus von Rosen (Hrsg.), *Jahrbuch Innere Führung 2019. Bundeswehr im Aufbruch. Hindernisse von den verteidigungspolitischen Vorstellungen der AFD bis zu den sicherheitspolitischen Meinungen in der Zivilgesellschaft*, Berlin 2019.

Uwe Hartmann, Reinhold Janke, Claus von Rosen (Hrsg.), *Jahrbuch Innere Führung 2020. Zur Weiterentwicklung der Inneren Führung: Themen und Inhalte*, Berlin 2020.

Offiziersbibliothek

Uwe Hartmann, *Offiziersbibliothek I. Deutschland*, Berlin 2020.

Franz H.U. Borkenhagen, Uwe Hartmann, *Offiziersbibliothek II. Internationale Beziehungen und Sicherheitspolitik*, Berlin 2021.